阿德勒作品集

阿德勒談生命風格

當個體心理學大師面對問題兒童的挑戰

The Pattern of Life

二十世紀最偉大的心理學家
現代自我心理學之父

Alfred Adler
阿德勒——著
溫澤元——譯

各界推薦

此書透過阿德勒學派的早期經驗探索，引導你覺察與破解困擾行為背後的密碼——每個人都依其主觀知覺詮釋世界，尋找優越目標。勇氣與社會情懷的培養，有助人們面對錯誤與挫折，了解症狀的意義及其對自己的保護機制，進而面對、接納、調整、預備與再出發，重新建構更自在與幸福的生命風格。

——吳淑禎　臺灣師範大學師資培育學院副教授

從自卑出發，往超越邁進！走在這條克服自卑的路徑上，就是我們的「生命風格」。生命風格不僅是我們生命的樣貌、色彩、表徵，也是我們在克服自卑之路上所踏的每一個步伐、採取的每一項選擇、擁有的每一個情緒、留下的每一個記憶、堅持的每一種信念。

阿德勒認為誘發我們前進的，是每個人心中那股想要變得更好的渴望，因此沒有任何錯誤或不良的人格，只有是否適合於社會而已。是以，「生命風格」是我們信念與價值觀的組成，也是這個組成所產出的行為樣貌。它包含我們在「社會系統」架構下看待自己以及看待別人的方式，無意識地規範我們與人互動的模式。而我們與他人互動的歷程，又同時正在形塑自己的生命風格。

一百多年前的阿德勒，早已洞燭先機地提醒我們在看待人性時，都須更多元、更包容、更貼近。少了非語言訊息的輔佐，純文字的呈現或許有時讓阿德勒的語言看似鋒利或直接，然而「暖人脾胃是雞湯，使人苦口是良藥」，不論暖心雞湯還是苦口良藥，都是我們可以用來理解自己，包容他人，貼近社會的良方。

本書藉由重新編譯，以更貼近現代語言的口吻及真實生活的常見案例，引領我們進入阿德勒的世界。這是身為助人工作者、教育者、陪伴者……只要你的生活離不開「人」，這是一本不容錯過、值得細細品味的經典之作。

——李家雯　諮商心理師、臺灣阿德勒心裡學會常務監事

本書寫於一九二九年，但阿德勒在不同的兒童個案中所描述的情境及所提供的治療方式，在將近一百年後的今天依然實用且有效，那是因為人性自古至今都是一樣的，可好可壞，而親情也一直是影響孩子的生活方式及人格健全的關鍵，因此本書可為親子寶

典。

由於個體心理學建基於成長模式而非醫療模式，阿德勒將其觀點應用於教育及親子關係上。他特別關注自卑與性別的議題，及早治療，長大後才能因應人在宇宙關係中面對的三大問題——社會、工作與性。書中每一個案例的描述，真實細膩且生活化，詳細的分析、設定輔導目標及說明治療方法，明確易懂易學，乃是父母、老師、諮商師及其他助人專業者的最佳參考。

——林蕙瑛　東吳大學心理學系副教授

阿德勒認為「兒童是極佳的觀察者，卻是極差的詮釋者。」本書讓我們穿越時空窺得阿德勒問診的現場，聽見他與同僚、父母及孩子的對話，看見他如何抽絲剝繭找到問題行為背後的錯誤詮釋，感受大師的睿智與溫暖。

——張英熙　臺北市立大學幼兒教育學系副教授

對於渴望探討「孩童性格發展與不適應行為如何深受社會因素影響」的人們來說，閱讀阿德勒的經典原作是很理想的選擇。這本談生命風格的書，讓我們更能貼近阿德勒對於孩童的理解，體會引導孩童自我認識、自我突破，重塑健康性格的路徑。

——楊俐容　兒童青少年心理專家

這一本書是阿德勒個體心理學理論的重要論述，亦是經典，不容錯過。

——蘇絢慧　諮商心理師、璞成心理學堂總監

專文推薦一

面對自己的人生，我們需要勇氣

這本《阿德勒談生命風格：當個體心理學大師面對問題兒童的挑戰》，是阿德勒相當重要的著作。有別於其他關於描述阿德勒所創「個體心理學」的書籍，本書的特色，是以一九二九年阿德勒在美國紐約的實際看診個案為基礎（主要為兒童與青少年個案），所集結編著的一本作品。

從這本書中，我們可以了解到阿德勒的「個體心理學」所著重的部分，及其理論的核心概念，包含：

一、目的論

與佛洛伊德不同，當孩子出現問題行為時，阿德勒著重的並非是會出現這個行為的「原因」，而是他出現這個行為的「目的」。

由「目的論」去觀察阿德勒進行個案工作的方式，就更能理解他的中心思想。例如書中有個會偷竊的孩子，阿德勒的重點，並非著重在「他偷竊是因為……」那些過去的原因與影響，而是著重在「他偷竊是為了達到什麼目的」，因此阿德勒會更加深入地理解、探索孩子內心有何「未滿足的需求」，理解他做這個行為，是為了滿足自己的哪些部分。

一般來說，阿德勒學派認為，孩子會出現不當行為，是因為他們想要「得到歸屬感和自我價值感」，也就是「被肯定、接納與重視」是孩子的目的，但卻用錯了方式。因此心理學家德瑞克斯（Rudolf Dreikurs），將孩子不當行為背後的目的，分為四個需求：尋求關注、爭奪權力、報復、自暴自棄，以此去理解孩子的問題行為。

二、早年回憶與自卑感

阿德勒非常強調「故事」對於人的影響。他認為我們在童年時，為了克服自卑感與無能感，會發展出一個屬於自己的故事。這個故事包含了：我是怎樣的（自我概念）、我和別人的關係如何、世界又是怎麼樣的（世界觀）。這個重要的「早年回憶」，可說是自我故事的創造與意義，也影響了自己後來的行動，成為我們生活風格的原始樣貌。

三、生活風格

「生活風格」（也可稱生活型態），與早年回憶、家族排行、和手足的關係，以及自我概念、對世界的看法等有關。「生活風格」很像是我們人生的「腳本說明書」，可能會成為我們生命隱性的引導，使我們行動時，很容易受到這個「生命風格」的影響。

例如書中的一個女孩，在父母的溺愛中長大，她從父母對待她的方式，感覺自己似乎沒有能力獨立自主，僅能依靠別人生活，阿德勒認為，這個生命風格，影響了這個女孩的行動力，也使得她出現一些依賴性的問題行為。

四、課題分離

從書中十二個典型個案中，會發現阿德勒非常強調「課題分離」，也就是「父母與孩子是獨立個體」的這個概念。從這十二個案例讀下來，不乏有因為孩子與父母的連結太深，太倚靠父母的關注與照顧，以至於無法獨立，當出現被忽略或感受到挫折、無能的可能性時，就會出現問題行為，以安撫自己的內心，甚至無意識希望藉由這樣的行為，讓自己可以解決內心出現挫折感、無能感與自卑感的問題。因此父母如何給孩子適當的愛，但又能夠培養孩子面對自己人生困難的勇氣與解決問題的能力，就是阿德勒學派相當關注的一點。

阿德勒學派是在兒童青少年教育中，相當廣泛被使用的心理學派，其後來所發展的「正向教養」，強調培養出自律、有責任感與有勇氣的孩子，也在親子教養發展中占有重要的一席之地。讀《阿德勒談生命風格：當個體心理學大師面對問題兒童的挑戰》，雖因時代變遷，使得此書中關於精神病理之診斷，與現今社會有些出入，但對於阿德勒的理論架構系統之形成與其工作方式的探索與理解，本書具有相當重要的貢獻。且在個案研討的過程中，我們也學會了阿德勒個體心理學中的重要概念：

你如何解釋過去，可能形成了你的人生課題、也造就你的未來。面對自己的人生課題，我們需要勇氣，去面對、負起自己的責任。但當我們不再逃避，願意面對、承擔自己的責任時，也將更有力量，為自己的人生，做出不同的選擇。

周慕姿
本文作者為心曦心理諮商所心理師

專文推薦二

讀懂阿德勒，洞察人性的創造力

「生命風格」不僅是個體心理學中最重要的概念之一，還是阿德勒心理諮商過程中的重要治療關鍵。阿德勒曾經如此強調說：「我發現在會談中，我其實把手放膝上好好坐著就好，因為無論我說什麼，對個案的治療效果都比不上他對自己的理解！對個案最重要的學習就是『當他能夠了解到，原來是自己的生命風格造成了自己的痛苦』，個案才能做出真正的改變。」

阿德勒出生於奧地利，是位對後世影響宏大深遠的著名心理學家、心理治療大師和兒童教育家。他曾接受佛洛伊德邀請，出任維也納精神分析學會主席和學刊編輯，阿德勒早期的研究以器官缺陷為主，當自卑感和補償作用開始成為阿德勒學說的中心思想時，便與佛洛伊德產生理念的分歧，於一九一二年創立個體心理學（Individual Psychology）。他在第一次世界大戰時受徵召入伍擔任軍醫，其悲天憫人的胸襟，激發他於戰後退伍開始四處講學，並推動兒童輔導診所與實驗學校的設立。阿德勒晚期的研究和治療方向則更多著重於幫助個案理解自我和做出改變。

阿德勒在一九二七年正式引介「生命風格（the life style）」（或譯為「生活方式」或「生活風格」）這個概念，指的是人積極主動的天性，從受精細胞開始成長，包括欲望、感覺、行動，甚至包含記憶和做夢等等，人的每一部分都是以自我整體一致性朝向目標前進。他強調人的獨特性和自主創造性，主張人不會任由過去的經驗決定自己，而能自主地決定如何運用該經驗。在這一點上，個體心理學讓人從過去的宿命論中解脫出來，重新賦權使人充滿勇氣與希望。

相較於阿德勒其他書籍側重人性的心理描述和說理，本書是根據阿德勒在一九三〇年結集十二個美國案例的臨床實務治療過程撰寫而成，時值個體心理學思想系統與治療方法已臻成熟完善，書中從個體心理學的角度剖析個案的問題行為，精彩呈現如何運用阿德勒諮商的主要工具「早期記憶（childhood memories）」探討生命風格。阿德勒獨創的早期記憶分析法，是最令人好奇和津津樂道的個體心理學概念，就是請案主回溯孩童時期的特殊事件，包括當時對該事件的想法和情緒，從回憶中去了解案主對自己、他人和世界的看法，從而探索其需求、目標、生活風格和個人特質。早期記憶就像是探照燈，是阿德勒心理治療技術中用來檢視生活風格的主要工具，照亮生活風格的根源。

也由於阿德勒對於童年早期的重視，他認為研究本身並不是目的，目的在於造福人類，所以個體心理學的研究深入到了教育學領域，阿德勒對於家庭學校教育的論述，至今仍蔚為主流。他宣導兒童教育在家庭和學校的重要性，認為家長和教師擁有培養兒童健全人格的最大優勢，主張家長和教師需學習了解生活風格，才能敏銳察覺出兒童早期的錯誤並及早修正，以避免行為問題加劇。書中的十二個案例治療過程中，均邀請家長、教師和孩子三方共同於學習群體中示範會談進行，此種三方會談形式成為現今於各地學校通用的「親師生座談會」的起源，於學習團體中邀請示範個案的方式則成為團體治療的濫觴。本書對於如何進行阿德勒諮商或教育方針提供的清晰說明，對心理和教育領域的實務工作貢獻宏大而深遠。

許多後代的心理專家和教育學者深受阿德勒影響，精神醫師魯道夫．德雷克斯（Rudolf Dreikurs）也是一位著名的兒童教育家，他將阿德勒心理學在諮商會談、家庭教育和班級經營三方面，發展出更具結構性的應用模式，並仿效阿德勒在美國芝加哥創建兒童輔導診所和阿德勒大學；美國教育博士簡．尼爾森（Jane Nelsen）隨之研發出如今流傳全球八十八個國家的「正向教養（Positive Discipline）」教育法，竭力培訓家長和教師具備辨識生命風格的能力，並且能在家庭和學校中協助孩童建立正確的生命風格。

然而，劃時代的心理大師也會有不合時宜的觀點。上個世紀的精神醫學研究者，曾經將同性戀視為精神官能症，在本書中關於性別的部分內容中亦出現當時看法。時至今日，多元性傾向早已被大眾接受共享平權；事實上，阿德勒除了在其論述中經常提醒成人不應過度對兒童強調性別，才不會對兒童造成性別角色負擔；他在百年前早已推翻當代以男性為主的價值觀，提倡男女平權，認為無論年紀、人種、膚色和階級的人，均應享有同等尊嚴和權利。相信阿德勒若仍在世，以他兼容並蓄和強調尊重差異的思想，會對於現今的多元性傾向主張樂觀其成。

筆者也是阿德勒心理學的實踐者，在工作與個人生活中經常能印證阿德勒對人性和生活的深刻看法，見證許多成人生活中的困難和苦痛，根源於早期童年生活中的自身誤解或者是被成人所誤導，因而形成了錯誤的生命風格，長大成人在面對工作、友誼和愛情（或家庭）難題時，採用逃避或壓抑、暴力或犯罪等不良方式，以致偏離人生正軌越來越遠。阿德勒相信，每一個看似傷害的無理行為，背後都有良善的企圖和想要追求成功的心意，只是受挫太深缺乏與人合作的勇氣；若能讓案主看見自己犯的錯誤，調整生命風格，就有發生改變的契機。

在原著出版近百年後，經典重譯的今天，阿德勒對於生命風格出於個人自主創造的洞察仍舊令人震撼。本書是個體心理學愛好者必讀的經典鉅作，也是每位心理專業工作者的實用工具書，阿德勒提供我們重新認識自己和人生的絕佳途徑，閱讀過程中請慢慢體會這位心理學百年大師的真知灼見，願你我以阿德勒的智慧淬鍊心靈，培養樂觀有勇氣的生命風格，成為更好的自己，擁有幸福的人生。

姚以婷

本文作者為中華亞洲阿德勒心理諮商暨應用協會理事長、美國正向教養協會國際顧問和導師、亞和心理諮商所院長

專文推薦三

對認可的追求，扼殺了自由

最近跟朋友談到，有自卑感的父母，對於孩子像自己的缺點，特別不能接納，容易有莫名的憤怒。這憤怒來自於內化的他人評價，從內在難以自我接納，展現於外，便難以接納孩子。

無論家庭或工作，或者協助特殊孩子時，我一直不斷領受阿德勒博士在一世紀之前所留下來的寶貴資產。也許當代的用詞已經不同，也許有些知識也有了更新的實證研究（如對同性戀的看法），但很多概念的骨幹，依然要回到阿德勒博士的思想中，好紮根深化。

阿德勒博士使用系統觀在看待人格的養成。譬如說，特殊孩子的困擾行為，不只是他「個人的疾病」，而是要同時考量孩子先天的弱勢（如器官缺陷），家庭的互動（如出生序、教養風格），還有整體的社會氛圍（如阿德勒當時面臨兩次世界大戰，這對家庭與個體都有影響）。後來這樣的思考模式，慢慢演變成一種家庭系統的治療取向。我們現在坊間很多談教養或原生家庭的說法，包括從阿德勒博士的理論開展出來的正向教養，都在這樣堅實的立基點上，細膩且豐富地綻開了多樣化的助人思維與技巧。

就腦科學的研究來說，恐懼迴路的存在，讓我們可以假設一個人天生便有不安的情緒，這不安的情緒幫助了人類生存。這不安的情緒，會掛勾在社會所認定的缺陷或困難，我們可以藉此理解自卑感。我們也可以重新看待精神官能症的「功能」，去探索精神官能症對生存適應的重要性，尤其是處在獨特環境脈絡的個體，像是一個常被忽略的孩子，可能會認為藉由發展過度討好的互動風格，才有可能因此活下來。

然而，過度尋求認可一旦成了一個人經常重複的生存策略，便容易以乖順聽話為自我認同，犧牲個人自主性。例如用這種心理歷程看待網路世界，我們可以揣摩許多吸引人點讚的手法，像是裸露、煽動性的言論、編造假新聞等行為。

曾經有位朋友分享，他某段時期的經歷，那時緊張焦慮達到了頂峰。每張照片反覆修圖，文字語氣一再斟酌，這些耗掉他大量的時間。他還會強迫性地「重新整理」頁面，不斷往前確認每篇貼文按讚數有沒有增加？有沒有他期待的朋友來留言？又有誰新加他當朋友？

他猛然頓悟的一次，是那天經過了他一個晚上的check，他也明明知道沒幾秒前才剛看過，從頭到尾他自己的個人版面也沒什麼動靜，就是忍不住一直點點點、滑滑滑……不但耽誤了他重要的學習，他越來越感覺自己是個沒人在乎的可憐蟲，厭世感越來越重。還好，大考在即，他痛下決心把智慧型手機換成「智障型」手機，總算能有多一點的專注，心也越來越平靜。回首過去，他慶幸自己當初的決定，沒讓他越陷越深。可是，現在多少年輕人也心繫著自己得到了多少關注？自己的留言酷不酷？

網路霸凌盛行，一群人起鬨式地「黑特」某個特定目標。虛擬世界的惡作劇，可能變成真實世界的遺憾傷心。為了追求被認可，也同時尋找刺激，一個個體很快地選擇主流群體站邊，並且對他人加以攻擊。我們如果從阿德勒博士提出的「社會興趣」或「社會情懷」來看，個體無法給予他人尊重，想用攻擊來追求優越感，這並非是減少自卑與疏離感的合適手段。

在人我互動越來越複雜頻繁的時代，我們清楚體會絕大部分的煩惱是來自於人際關係。我們常常著眼於改變對方，而非建設自我價值，這使得我們少了承擔自己生命的勇氣。一個人要能適應社會，擁有安全感與歸屬感相當重要。童年的時候，我們固然冀盼他人能給予；但長大之後，要活得精采只能自己來。

我們得要重新檢視我們的「私人邏輯」，這是我們個人的內在假設，它源自於過去我們從短暫的生命中得出的結論。像是我們如果從小被忽略，我們就不太能信任他人，也會懷疑自己，容易低估自己應對挑戰的能力。

當我們深切體認到，即便不完美的自己，也盡力地活到了現在，我們就可以重新盤點自己的優點與資源。然後我們可以試著跟他人建立相互尊重且平等的合作關係，並且慢慢成為越來越完整的自己。

我們試著靠自己定義自我價值，縱然我們沒有耀眼的成就，但我們的存在本身就有貢獻。每一刻我們都會選擇自己要表現什麼樣的行為，而這些行為除了回過頭來影響自我價值，也跟身邊的他人產生不同程度的聯繫。

能決定我們的，不是我們的過去，而是我們想創造的未來。過往的原因就算經過良好的分析，也不能成為通往璀璨明日的途徑。重要的不是我們天生擁有什麼，而是如何活用現有的資源與能力。

至於他人對我們的評價，那是他人的課題。我們可以作為參考，但不再全盤接收，因為我們要自己賦予人生的意義。成熟的人，優先改變的通常是自己，包含學著設立健康的人我界線。有界線，我們才能做自己，才能減少對人的敵意，發展良好的友誼與合作關係；也才能跟家人維持親密，能安然獨處，並且實現個人潛力。

阿德勒博士的經典，我推薦過不少本。然而，因為時代與知識的限制，我認為要從更廣泛的脈絡來了解阿德勒博士的思想。阿德勒博士本身的著作，常常是演講集或他人的記錄，系統性或完整性都有提升的空間。個體心理學經過後人的演繹，如今已經有了斐然的成果。如果能廣泛涉獵當代對阿德勒博士思想的延伸，再回頭去看經典，或許反而更能接近個體心理學的真義。

了解阿德勒博士的思想，對我個人的自我肯定大大有助益。這麼好的經典，也推薦給您！

洪仲清

本文作者為臨床心理師

專文推薦四

看阿德勒解孩子的結

當我們自以為了解孩子時，我們究竟了解孩子的哪些方面？孩子是外向或內向？喜歡或討厭什麼？在家裡或在學校的表現如何？知道這些特徵與生活片段，並不足以讓我們真正地了解孩子。如果要更深入了解孩子，我們得清楚在孩子的生命中，是什麼為他提供了目的感、意義感及統一感；我們得明白提供孩子這些感受的事物，也就是一貫體現在孩子思維、情感及行為方式上的生命風格，包括他的目標、自我概念、對他人的感覺及對世界的態度，才能真正理解孩子。

本書是心理學大師阿德勒通過不同案例解析生命風格的根源——行為的動態模式，以提供讀者理解孩子行為的方法與技巧。書中所討論的孩童均是阿德勒在美國講學期間，由一些紐約的醫生、心理學家或老師轉介而來的個案。他們根據阿德勒設計的個案研究綱要提供病歷，阿德勒會先在課堂上對著學生講解與分析個案的行為模式，接著再將家長與孩童請進教室面談與輔導。在輔導過程中，阿德勒展現溫柔巧妙的技巧，以簡單而深刻的語言和孩童討論他的情況。本書記錄阿德勒從個案分析、面談輔導及後續工作指導的整個過程，以平易近人的實務取代深奧的理論，即使非從事助人專業的民眾，也能從中獲益良多。

二十一世紀的今日，越來越多助人專業正轉向以生物學與神經科學觀點來理解人類的心理健康。那麼，這本近百年前探討兒童行為動態模式的學問禁得起時間的考驗嗎？阿德勒的理論會不會已經落伍了呢？事實上，若從神經科學的觀點來探討個體心理學的基本原理，其實不難發現神經科學研究提供了阿德勒理論正確的極佳佐證。

人類從小就會探索環境、認識自己及了解生存的世界，阿德勒認為孩子會從這些經驗中創造出主觀獨特的生命風格，因此早期經驗具有特殊意義，可以勾勒出孩子與環境之間的互動模式。生命風格是阿德勒描述人格動態發展的一個重要概念，它融合了個人早期經驗和與生俱來尋求優越與歸屬的驅力。生命風格主導著人生目標與達成目標的途徑，有助於減少不確定感，提高對生活的掌控。然而，誠如本書討論的案例，阿德勒從身體缺陷、家庭星座（家庭成員的年齡差距、性別、情緒上的距離、個性、出生序、權威的掌握與順從等等因素）、夢與早期回憶，以及文化背景等方面進行分析，發現那些孩童的生命風格僵化，或以偏差的目標為導向，或潛藏著一套違反常識的私人邏輯，他們對自己、他人及世界產生錯誤的信念，導致自卑、氣餒而無法成功完成生活任務。

從神經科學的觀點來看，阿德勒對早期經驗的看法顯然無庸置疑；一個人對自我、他人及世界的理解受到早期經驗的影響確實非常深遠。人類大腦的發育是以循序漸進的方式，在子宮內從腦幹開始由下而上發展，一直持續到成年初期，前額葉皮質才完全成熟。神經科學家認為，大腦中有關自我調節的基礎結構主要是在生命的頭五年中形成的；人生頭幾年受到溺愛、忽視、剝奪或恐懼威脅的經驗會被固化為沒有時間戳記、未被編碼的內隱記憶，塑造出孩子對世界的扭曲信念，並導致孩子難以靈活調節身體感受、行為衝動、想法及感覺。

我們的身體會通過情感刺激來記住對自己未來很重要的經歷。例如，當孩子受到恐懼威脅時，身體會釋放腎上腺素與皮質醇，產生厭惡或痛苦的感覺，促使大腦記住危險的訊號；如果父母給予溫暖的擁抱，觸發了催產素的分泌，孩子會感覺到被愛與受到保護；倘若孩子受到成人鼓勵，刺激了腦內多巴胺的分泌，孩子會努力達成目標，並從反饋中獲得喜悅。這些感覺都會烙印在記憶中，化為未來行為的動力。近年來情感與人際神經科學的研究發現與阿德勒強調要從社會情懷的角度看待人類活動價值的觀點相當一致。社會情懷是對整個世界的歸屬感，如果家庭與學校透過良好教養培養孩子的社會情懷，將有助於孩子發展出有益的生命風格；孩子將不會只追求個人優越，而會為了貢獻社會而努力。

本書所討論的案例則是失去社會情懷、過度關心自己及很少關心別人的孩子。阿德勒指出，那些有身體缺陷、被溺愛或受到忽視的孩子，為了填補不安全感，會縮小視野，衝動固執地為偏差的目標而努力；他們會透過身體器官的語言來表達個人意見；他們會創造出某種行為模式以隱藏自卑、維護優越感，而形成一種保護傾向，來虛張聲勢並維持僵化的生命風格。最常見的保護傾向就是找藉口為行為辯護、攻擊（貶抑、報復性指責他人或自我指責），還有退縮或停滯。

對照現今的多元迷走神經理論，我們即可了解阿德勒對兒童行為問題的見解為什麼迄今仍極具價值。提出該理論的精神醫學教授史蒂芬．伯格斯（Stephen Porges）將哺乳動物自主神經系統的演化與社會行為聯繫起來，證實生理狀態對於行為問題的出現至關重要。伯格斯指出，人類在社會連結與防衛行為方面都有應對的神經行為系統；我們的神經系統會不斷評估風險，當感知到安全時，會抑制防衛系統並促進社會參與；反之，當感知到危險時則會激活「戰鬥、逃跑或僵滯」的保護本能，抑制社會參與。然而，如果因早期經驗受創導致過度敏感與錯誤的風險評估，無法靈活抑制／激活防衛系統時，就會產生行為問題。因此，受創孩子最需要的是恢復能夠感受安全、放鬆及人際互信的生理機能，這也印證了阿德勒主張要教育父母與老師了解孩子行為的動態模式，用鼓勵訓練孩子的勇氣，往社會情懷發展，並去除讓孩子氣餒的因素，是解決兒童行為問題的最有效策略。

此外，阿德勒深信生命風格是由人的創造力所塑造的；孩子不僅解讀經驗，而且會做出經驗、創造經驗。在生命不斷朝著目標運行的過程中，創造力是一個動態的概念，使每個人生而自由，這也是本書蘊藏的另一個重要理念。阿德勒告訴那些孩子要為自己的身分與行為負責，並且引導他們實現目標的方法，鼓勵他們做出改變，以重塑生命風格，運用創造力來控制自己的生活。從現代神經科學的觀點而言，阿德勒的治療取向確實可以提供有效的助益。即使早期經驗根深蒂固，人腦仍具有神經可塑性；個人自身的經驗、思想、行動及刻意練習，可以創造全新的神經連結，改變大腦的結構。

大腦可以在整個生命週期發生變化，使人充滿潛力。然而，人類並非從小就知道自己可以塑造自己的生命風格。在生命的早期，孩子會先體認到別人如何看待「我」，藉此識別出「我」的特徵，然後為「我」貼上簡單的特質標籤。孩子一開始是在社交舞台上認識自己，意識到自己是一個社會演員，知道外在世界在看著「我」的演出。爾後隨著成長，孩子逐漸對世界舞台中的「我」的演出有更清晰與細緻的理解，從而激勵自己在社會生活中取得成功與進步，才能自主塑造有益的生命風格。

心理學教授丹・麥克亞當斯（Dan P. McAdams）曾用「自拍」作為比喻，形容自我的二元性如同拿著手機自拍的主體我在觀察手機螢幕裡擺出姿態的客體我；我必須從觀察者與被觀察者的角度來思考自我，經過調節與練習達到最佳定位，以便成功完成迷人的自拍。借用麥克亞當斯的比喻，本書的宗旨是希望父母、老師或心理師在熟悉解讀孩子行為模式的技巧後，能夠幫助孩子練習心理自拍，學習如何在各種情況下調節「我」的演出，使其獲得社會觀眾的認可。

阿德勒曾說過：「孩子既是藝術家，也是畫家。」他以系統的、動態的觀點，將兒童行為問題視為整體性與生物性的複雜創作，而非零碎的經驗組合。透過本書，讀者將可更深入地掌握到，解決兒童行為問題的前提必須教育父母與老師，並讓迷失的孩子有所自覺地重新定位自我，對「我」的演出發展出一個準確的觀察視角，以便促進自我調節，培養人際交流技巧與社會情懷。孩子唯有先扮演好一個社會演員，才能進一步成為積極的行動者，以追求有意義的目標來克服自卑感，並透過選擇與經驗創造有益的生命風格，從而因應未來人生的艱鉅挑戰。

曾文志

本文作者為國立清華大學教育心理與諮商學系教授，亦為一位諮商心理師，致力於阿德勒學心理學、正向心理學的研究應用，以及阿德勒學派心理治療師的訓練；相信「生命是一代傳一代，爸媽把我們生下來，就好好地活完這輩子，去創造完成一個活得好的人生。」

專文推薦五

解讀症狀的意義，培養孩子面對困境的勇氣

《阿德勒談生命風格》一書彙整了阿德勒在一九二九年以個案孩子的各種錯誤行為樣貌進行個案概念化的歷程，在閱讀本書的過程中，令人迫不及待想跟著阿德勒的思緒一直追蹤下去的，除了對於孩子的問題進行抽絲剝繭般的探尋、猜測與推論，還包含在個案會議中與家長及孩子的實際對話。

我們從一篇篇的孩子症狀描述中清楚的看到這些「受苦」的孩子如何將心理的痛苦透過巧妙的編織，化成了生理上的神經質症狀。沒錯，人人都有各自的困境，這些孩子也的確在生活上遭遇了困難，但心理健康的孩子與這些思考僵化、行為固著的孩子最大的差別在於，這些個案孩子選擇讓自己活在「彷彿」（as if）已經發生的情境中，而缺乏了彈性應變的能力，個案孩子成功地讓自己「必須」依賴以及感覺到被剝奪，這些痛苦

的感受讓自己成為一個永遠的受害者，他人理所當然需要為這個傷害與症狀負責，這些症狀恰到好處地讓他們得以順理成章地發揮症狀的功能與作用——彌補了個體的自卑感受與優越需求。

面對這些症狀，九十多年前的阿德勒就已經大聲疾呼不要體罰孩子，懲罰是無效的；我們要愛孩子，愛是所有關係的基礎，但絕對不能以愛為藉口讓孩子過度依賴，會讓孩子錯誤解讀「愛」的展現方式。家庭教育與學校教育的主要目的是讓孩子成為獨立自主、充滿社會情懷的個體，雖然個體的生命風格是難以改變的，但阿德勒深信人是持續成長的有機體，這些症狀是個體選擇出來的，就可以透過個體與親師的集體努力，讓個案孩子不必要時時刻刻拿著武器捍衛自己自尊與權益。阿德勒認為如果能讓需要運用症狀的情境消失，孩子的症狀與問題行為就會消失，就像是將風拿走，船帆就會回復到安穩平靜的狀態。

生命中都會出現挑戰的，重點在於是否有勇氣面對與克服，如同巴哈的G弦之歌便是在困境中應運而生的曠世巨作。因此在本書的個案會議中，可以感受到阿德勒是如何友善溫和地鼓勵這些氣餒的家長與孩子，面對失去勇氣的個體，我們必須要先接納，取得他們的信任與合作，感同身受地從個體的行為動向中尋找出優勢與亮點，讓他們相信自己有能力變得更好，贏得他們的心之後再一起思考解決問題情境的策略，並且設定目標、採取行動。

這些年，每當與教師與家長討論孩子的行為問題時，教師與家長常常是這樣開頭的：「這個孩子有ADHD……」、「這個學生是亞斯……」、「她是選擇性緘默症……」，症狀已經先擋在我們理解孩子在成長過程中，所遇到的挫折與氣餒的情境之前。如同本書原編者Wolfe在導讀中所述，《阿德勒談生命風格》一書鼓勵了讀者不要輕易地為這些孩子的症狀貼上標籤，讓我們願意多理解孩子的處境並且試著讓孩子感受到這個世界的友善，的確是「功德圓滿」了。

駱怡如

本文作者為臺灣阿德勒心理學會理事長

CONTENTS

導讀：阿德勒與我們的精神官能症世界

醫學博士W・貝蘭・沃爾夫（W. Beran Wolfe）
於紐約市（New York City）

一、

想了解人性，就得掌握人類行為的動態模式。阿爾弗雷德・阿德勒（Alfred Adler）對現代心理學影響深遠，他在研究中點出了解析人類行為動態模式的關鍵。不過在這本病歷統整問世之前，鑽研個體心理學（Individual Psychology）研究方法的學生，都得從阿德勒及其學生的德文出版物中，尋找阿德勒搜集的病例素材。多數德文出版物探討的情況與病症，與歐洲大陸的環境密切相關，但對美國讀者來說比較難懂費解。不過，個體心理學的原則與實際操作，在應用上其實各地通用，這本單純探討美國個案的著作就是最佳例證。一九二九年，阿德勒在紐約社會研究新學院（New School of Social Research）授課。在此期間，本書彙整的病例個案，在未經事先篩選或限制的情況下，被送往阿德勒在學院中設立的診所。這位來自維也納的心理學家與教育家，成功分析、治療這幾名個案，充分顯示人類行為確實具有基本的整體性（unity，德文Einheit）。這幾名個案，都是校園內和美國各大城市的兒童輔導診所中常見的典型案例。有些個案是由紐約的醫師或心理師帶到診所，不過多數都是透過紐約的學校老師轉介而來。這些老師都對學生的問題行為感到無比困惑。

阿德勒醫師在維也納成立了一所兒童輔導診所，也替診所建立一份研究問題兒童的綱要。本書舉出的個案，大致上都是完全遵照這套綱要來分析與治療。為力求精簡，文本中並未列出綱要的標題，不過對於想準備病歷來進行研究的學生而言，本書內文的脈絡與鋪排再清楚不過。案例陳述方法如下：研究問題兒童的醫師或老師，會根據草案綱要準備一份病歷。阿德勒在未與孩童本人碰面，也未事先與老師討論個案的情況下，逐句閱讀病歷，並在閱讀過程中進行推論與演繹。雖然阿德勒偶爾會被草案中的陳述誤導，不過在多數情況下，他還是能針對孩童的人格建構出一幅動態圖像，通常還能預測分析結果，以不可思議的方式洞悉孩童的心靈。這些個案如同人生劇碼中的演員，而針對這些演員，阿德勒總能以溫柔、滿懷同情的方式，清楚解釋他們的遭遇和境況。

如同精神醫學偵探的他，會先以評估線索的方式抽絲剝繭地分析個案，接著再簡短討論孩童的狀況，並重點勾勒出心理治療或輔導的目標。接下來，孩童的父母會被帶進教室，在學生面前接受詢問和指導。最後孩童也會被帶進教室，阿德勒會用簡單、親切的語言與孩童溝通討論。分析中提到的後續追蹤工作，則由一開始引介個案的醫師或老師負責。學期間，後續追蹤者會不時提交進度報告，阿德勒也會探討孩童的改變與反應。

並非所有孩童最後都能順利重新適應社會。治療之所以失敗，有時是因為孩童的父母太無知、未能積極配合。雖然老師和精神科醫師努力改變父母對孩童的態度，但父母的精神官能症[1]仍懸而未解。拮据的經濟狀況、治療過程中出現的其他疾病，以及各種障礙與困境，導致孩童重回精神官能症發作的原始狀態，上述皆是患者進步緩慢的原因。部分個案會暫時有所改善，但在新的情況下出現新的症狀，這時就得繼續進行心理治療，直到父母對孩童行為的動態模式有更進一步的了解，或是孩童用盡所有精神官能症的把戲為止。有位個案就在密集治療和重新教育之下有大幅進展，不過學校老師的教

1 譯註：neurosis，在精神醫學界被定義為一種病症，指內在精神壓力因素造成以焦慮情緒經驗，或是莫名的恐懼為主要表現的臨床病症。在日常語言使用中，亦可解讀為「神經質」。

育方式太過老派，面對這個難以克服的問題，他的狀況又退回原點。老師不把他當一回事，態度更讓學生備受挫折。短短幾天內，這位老師就摧毀了幾個月以來費盡心血輔導的成果。不過多數個案確實都有明確的改善，不少孩童的行為模式更有了徹底的轉變。

本書讀者應該要了解，這並不是一本探討心理治療的全面性的論文，而是針對兒童精神官能症的概述，是一扇通往病歷閱讀藝術的大門。本書的主要價值，在於讓必須與孩童、與成人應對互動者，能更熟悉人類行為的動態模式。本病歷統整無法詳述治療技巧，就像如果想學習蝕刻版畫的藝術技法，閱讀關於銅版印刷的準備與操作過程的論文是沒用的，因為論文重點是介紹銅版印刷的物理與化學程序而非藝術技巧。假如本書能成功鼓勵讀者，不要將人類視為被貼上標籤的靜態機器，而是充滿動態、活躍生動，努力朝目標前進的實體，各自在令人困惑的世界裡追尋意義與安全感，那這本書就功德圓滿了。

二、

有些專書論文以極具科學系統的方式，探討阿德勒對現代心理學的貢獻，並詳盡探究個體心理學的原則與實踐。對於未曾接觸阿德勒的作品的讀者來說，本書作為入門讀物，我認為有必要在書中簡述個體心理學的重點原則，以免書中個案看起來毫無關聯、難以理解。對於已精通個體心理學理論的讀者，這些概述或許會稍嫌累贅。

在個體心理學的基本觀念中，人格特質具有整體性，但這並不是個體心理學提出的全新論述，也非其獨有的觀點。早在耶穌基督誕生之前，希臘劇作家就認為人格整體性是相當重要的基本思維。童謠〈矮胖子〉（Humpty Dumpty）的未具名作者，聲稱國王的大批人馬和手下都無法重組破掉的雞蛋，藉此表達活體生物具有無以毀滅的整體性。人格若缺乏整體性，任何心理學家都無法預測人類行為。正因人格為整體，阿德勒才能在讀過病歷草案後預測孩童的行為。從哲學的角度來看，我們難以想像肉體裝載兩個以上的靈魂，正如人類行為不可能只是特定驅動推力，或觸發行為之本能導致的**結果**，因為沒有人能預測驅動推力或本能的相對效力。假如每個人都是在難以預料的能量驅動之下，由盲目行為互動造就而成的偶然結果，我們就無法建立有系統的心理學。正如在化學元素的原子價每天不斷改變的情況下，化學這個學科也就無法成立是一樣的道理。偉大的詩人、精明的老嫗、小說家、成功的將軍和商人，都知道人類生物的整體性是了解人類的必要條件。

阿德勒心理學的第二大原則，是將單位生物視為動態的整體，而此單位個體會遵循明確的生命風格，往確切的目標邁進。「生命的目標就是維繫生命。」雷米．德．古爾蒙（Remy de Gourmont）在《愛的物理學》（*Physique de L'amour*）書中寫道。這就是生物與非生物的區別。沙堆沒有目標。拿鏟子把一些沙鏟走，沙堆的本質還是沒改變。沙堆還是沙堆。活體生物則有生活目標，不管是單細胞變形蟲、蜂鳥還是長頸鹿皆然，而生物的整體組織與生活方式，都是適合達成目標的手段。把活體生物的必要部分移除，此生物勢必會成為不具形體、死氣沉沉的細胞聚積物。

每個活體生物都具備確切的生命風格，也會以確切、特有的技巧來與環境相抗衡，藉此維繫生命、達成目標。生命模式的複雜程度，會因生物的改變與適應能力而異，所以人類行為的模式比橡樹複雜許多，因為橡樹是相對固定、不變的有機生物。純粹從生物角度來看，我們所謂的精神或心靈，指的就是適應、統覺[2]、調動資源，以及運用攻擊／防禦之生存策略來維繫生命的功能。

人類生命的目標是什麼？在此，我們沒有要針對人類的存在進行空泛、抽象的論

2 譯註：藉由過往經驗來理解新概念，以此觸類旁通。

述。以客觀公正的角度來看，每個身為有機生物的人，都在努力追尋某種程度的安全感與全整（totality）。有了這兩項要素，人才能接受自己繼續存在的事實。全人類的目標就是讓人類持續生存。

各物種都有獨一無二的自我保護機制，例如烏龜的殼、變色龍的適應能力、野兔敏捷的行動力，以及老虎的兇猛與力量。人類也有專屬自我保護手段，我們將此手段稱為社群生活、社會與文明。人類數千年來的生活方式，證明這是生存的最佳策略。從目前的考古研究來看，人類向來都是過著社群生活。學界最近挖掘出最原始的北京人，從研究發現就能看出早在一千萬年以前，人類祖先就已發展出社群生活型態。

我們難以想像世界上有徹底孤立隔離的人，正如我們無法想像有長頸鹿的脖子是短的，因此每一種心理學跟研究人類行為的科學，顯然都必須是社會心理學。每個個體的命運，勢必都與群體的命運緊密相繫。這就是阿德勒個體心理學的基本原則。想了解一個人，就得了解他在所屬人類群體中的相對境況。行為主義者曾試圖將人類孤立在實驗室中，藉此留意、觀察其行為，但這個方法根本行不通。只要與群體隔離，實驗對象的行為就不再像人了，反而像是被囚禁的動物。嚴格來說，他再也不是人類。因此，如果想了解人類行為，就必須將行為置於社會相對關係脈絡中。舉例來說，在雪線上以及在日照充分的山谷裡，松樹的成長過程肯定有所不同，因此在社會環境有所改變的情況下，人類也會展現不同行為。

人類的社群生活，其實是為了彌補其弱點的產物。對人類祖先來說，群聚生活大概是最迅速、最有效的自我保護方式。人類模式的演進過程，起先是源自個體的弱點，接著往相對安全的社會團結這個目標前進。人類的各種長處與力量皆來自此模式，孤立隔絕反而會暴露出人類的弱點。人體結構的成長也不斷重現所有活體生物的演化過程：從單細胞演變成條理分明的整體，其中的組織與器官相互依賴。同理可知，個體的心理發展過程也反映出人類的心理組織。

每個人在生命的起點，都是相對無助、無能、依賴他者的寄生蟲。家庭的第一個社群就是父母，沒有父母的協助，人類嬰兒會在短短幾小時內悲慘喪生。在父母的哺育撫養之下，個體孩童的能力與力量與日俱增。而在成長過程中，嬰孩其實就是社會的寄生蟲，寄生在這個提供養分與資源的環境中。

長大成人後，正常的個體會發展出足夠力量，開始對所屬社會群體有所貢獻。在確認人與人之間具有多樣連結的過程中，正常的成年人會獲得某種程度的平和、安全感，以及讓生活顯得更有意義與價值的全整與確實感。個體若能與更多人建立連結，安全感也就越穩固。話語、常識、推理、邏輯、想法、同情、愛、科學、藝術、信仰、政治、責任、自助、誠實、效益、玩耍，以及對自然的愛好等，這些都是最重要的連結。放棄任何一種群體生活的手法，就不算是全然成功的人，也無法獲得百分之百的安全感。

遺憾的是，這種正常的發展模式並非常態。有些人之所以無法發展正常模式，原因與人類嬰兒的一大重要生理特徵相關。其他物種的幼年體同樣會經歷這種無助、仰賴父母的階段，但在牠們的生理構造逐漸茁壯的同時，心智能力也會同步發展。有能力辨識出老鼠的小貓，也有追蹤、捕捉與吃下老鼠的能力。不過，人類嬰兒的感知能力與行動能力卻有極大落差。嬰兒能體認到自己得仰賴母親提供食物、溫暖與保護的事實，嬰兒也知道母親能從事各種自己能力未及的必要活動。對嬰兒來說，父親看起來就像高大、相對全能的巨人。嬰兒周圍的世界，遵照無可避免的法則運轉著。黑暗與光明、食物與飢餓、言談、移動，這些都是陌生的成年人可恣意差遣的奴僕。在嬰兒的宇宙中，成年人篤定、嫻熟地行動，幼小的孩童則意識到自己相對於成人的軟弱。世上所有物種中，人類嬰孩是唯一對自身無能有所感知的生物，因為其心智發展比身體發展還快。自卑感就是在這種情況下產生，而自卑感正是個體心理學的重要基石。

對人類發展而言，自卑感非但不是障礙，反而還是最強大的刺激。假如人類的雙眼跟鷹眼一樣銳利，我們就不會發明望遠鏡跟顯微鏡；要不是為了提升溝通品質，留聲機、無線電和電話也不會接續問世。調香師的技藝跟大廚的烹飪技巧，都是為了彌補人類遲鈍、粗略的感官認知而存在。相較之下，「較低等」動物的感官能力還遠高過人類。人類文明的結構，從報紙到摩天大樓、從飛機到交響樂團、從蒸氣挖土機到絲襪，這些產物在補償人類缺陷的原始需求之下因應而生。

基於宇宙中的人體與生物組成，每個人都承繼這份自卑感，因此自卑感並不是個人承受的負擔。人類戰勝自卑感的案例在歷史上比比皆是。渴望補償個體在社會貢獻方面的缺陷，這種渴望的展現或許就是所謂的天才創造力。天才締造的每項傑作都象徵著社會效益。提及天才時，我們時常將另一群未被歌頌的人忘了，這群人發明槓桿、輪子、斧頭、牧笛、紡織、書寫以及各類事物。我們只記得那些以嶄新型態結合這些元素的近代天才。不過穴居人力搏生存的那段過往，其實就是人類創造力的歷史。

每個人都有能力將個人缺陷發展成對社會有益的貢獻。不過稍微觀察社會現況，就會發現只有一小部分的人有勇氣進行這種補償。精神官能症患者的數量遠大過於天才。許多人無法進行有效益的補償，原因何在？

遺憾的是，對於人類來說，各種因素都會導致補償無法達到理想境界，難以將自卑感運用在社會調適和有效益的工作中。使自卑感強化到演變為自卑情結的第一種因素，就是所謂的身體缺陷。除了一般缺陷，不健全的身體器官也會讓人類嬰兒感到格外軟弱，在這種情況下，個體對意義的追求會更加困難。這裡所謂的缺陷，可以是身體器官或系統上的實質缺陷。不過，缺陷也有可能是不足掛齒的生理特點，從醫學角度來看根本不重要，但從社會角度看來令人尷尬，例如異常肥胖、過瘦、白化症、胎記與痣、紅髮、弓形腿以及臉部毛髮等。樣貌醜陋就是很好的特例，不過說來奇怪，出眾的美貌最後也有可能導致自卑情結，因為長相精巧的孩童可能會認為，社會要求他付出的唯一貢獻就是美麗的樣貌。

第二組強化自卑感的因素，則與個體的社會、信仰與經濟狀況相關。無論是社會、宗教信仰還是經濟上的弱勢，任何弱勢群體的成員都會有一種特別強烈的自卑感，因為他們在世界上還得額外面對其他困難，也與淒慘、道德敗壞與犯罪的境況有所連結。不過龐大的財富也會帶來慘烈的效應，因為在富裕環境成長的孩童，通常會缺乏工作方面的適當刺激。

導致孩童自卑感加劇的第三組因素，則是來自孩童的家庭組成。這項因素特別重要，因為任何孩童都無法免於其影響。獨子之所以發展出自卑情結，是因為他在家中特別重要，以及缺乏適切的社會適應訓練。獨子時常在生命歷程中尋找青少年時期的失樂園。長子曾經是家中獨子，地位後來被更幼小的競爭者取代。他有可能會因為頓失力量而受挫，再也無法鼓起充分的勇氣、以客觀的方式來迎擊各種生存問題。雖然次子也在同一個家庭中成長，喝的是同樣的奶水，也跟長子同住一房，但他們的環境可說是截然不同。次子前方總是有一位領步者。在積極與長子競爭、想迎頭趕上的過程中，次子的行為有可能會太過火，成為抱持偏見的叛逆者。老么可能會因為害怕跟更成功的兄姐競爭而退縮。一群女孩中的男孩，或是一群男孩中的女孩，都有可能因為這種特殊處境而沮喪氣餒。在個體心理學之前，沒有其他科學點出家庭組成中孩童地位排序的重要性。雖然家庭中的每個角色與地位都有其風險，但沒有任何一個身份位次，會**迫使**孩童成為精神官能症患者，這是個體心理學的一大重點原則。

性別也是會加重孩童負擔的因素。人類文明是由陽剛的概念所主導，我們活在過度強調陽剛價值與活動的文化中。雖然許多科學證據顯示女性並非劣等或弱勢的性別，此觀念至今仍然存在。顯微鏡與科學儀器早就推翻這種徹底的謬誤，不過我們還是能在各大傳統中發現這種思維的蹤影。因此，每個女孩都得承受額外的負擔，努力證明自己「只是個女孩」的事實，時常讓她無法依照個人選擇正常發展。

不過這種有利於男性的偏見，其實也會對男性構成傷害。輕微的身體缺陷或其他令人沮喪的因素，都令許多男孩感到恐懼，最後他們也開始懷疑自己到底有沒有能力當個「百分之百的男人」，一輩子都在逃避身為男性的責任與意義。婚姻失和、離婚、同性戀，以及孩童在性方面的不法行為，這些現象日漸頻繁，都是因為社會過度強調性別差異，以及民眾越來越奮力追逐名望所致。上述趨勢在當代兩性生活中特別顯著。

我在前面段落提到，人類的正常發展歷程可分為兩階段。首先是早期的個體化（individuation）過程，個體在消耗、利用環境資源的情況下成長。第二階段則是適應群體的過程，透過對社會有所貢獻的方式來持續個體化。假如未與周遭成人環境相互調和，假如沒有被適切引導進入人類群體關係中，孩童是不會自然而然進入第二階段的。引導工作通常是由孩童母親居中負責。

孩童初次進行社會接觸的對象就是母親，母親的愛也是第一份社會認可。孩童發現自己被另一個人類重視時，就會展開適應社會的過程。母親的存在，讓孩童感知到周遭環境中第一位值得全然信賴的個體，這裡所謂的母親不僅限於有血緣關係的母親。有了這份感受，孩童就會繼續朝適應人類社會的正常目標邁進。

母親顯然有雙重功能。母親在第一階段的功能，是讓孩童與他在世界上的情況相互調和。第二階段則是鼓勵孩童發展自己的成長力量，並且適應其他個體。這個角色細緻微妙，很少有人能完美勝任。孩童母親犯下的錯誤，很有可能就是無數種人類行為模式的起源。目前我們能整理出數種典型錯誤，而各類顯而易見的「問題」成人，就是由這些錯誤養成的。

雖然跟過去相比，孩童現今已不會再遭到殘暴的對待，不過在這個自私的年代，許多母親要不是冷落自己的孩子，就是真心討厭他們。非婚生、醜陋或不想要的孩子，通常會發展出反社會人格特質，因為監護人完全不在乎他們，或者是沒有讓他們與外在世界調和同步。許多罪犯都是來經濟狀況拮据的族群，這點並不令人意外。在窮困的族群中，冷落與憎惡，以及伴隨貧窮而來的醜陋與疾病最為普遍。這些孩童在貧民窟與犯罪問題嚴重的地區學習勇氣與獨立，但這種勇氣通常是虛有其表、反抗社會的勇氣。

要是社會持續讓他們在缺乏母愛溫暖的情況下成長，在沒有機會建構社會意識、培養對社會意義的認知之下發展，我們就不能要求這些孩童對自己的罪行負起全責。這些孩子感覺自己彷彿身在敵營，是被憎恨、厭惡的間諜，是在人群之中不被理解的年輕異鄉人。主流社會結構賜予某些人機會，卻讓其他人吃閉門羹。對這群孩童來說，社會看似是條貪婪的惡龍，他們彷彿能理直氣壯地加以抵抗。

另一種更常見的類型，則是受到寵愛、被縱壞、過度嬌生慣養的孩童。他們受到無微不至的關照與呵護，在溫暖的環境中成長，但在孩童生命的頭幾年，這種母愛實際上是在殘害他們。過度發揮調和功能的母親，比未充分發揮調和功能的母親還多。她們的行為舉止，顯示自己對孩子來說是不可或缺的存在，導致孩童未曾發展出獨立思考與行為能力。假如孩童會一輩子活得像童話故事中的公主與王子，那在進入人類社會的初期，置身在如此溫暖的環境中確實是夢寐以求。遺憾的是，孩童無法永遠活在童話故事裡。人類文明要求個體付出最大貢獻，竭盡全力適應社會。雖然個體獲得的回饋不多，但是在得到社會承諾給予的機會之後，如果未給付利息、以對社會有效益的方式給予回報，個體就會立刻遭到懲罰。

某種程度來說，被寵壞的孩子對人類世界採取的態度，幾乎跟被憎惡的孩子相同。他同樣是來自異地的敵人。打個比方，進入人類社會時，他受到喧騰的喇叭聲與美麗動人的言詞歡迎，別人向他獻上鮮花與通往世界城市的鑰匙。年紀漸長後，他卻認為自己遭到背叛，發現熱忱溫暖的接待儀式，跟人生接下來要面對的任務毫無瓜葛。寵愛、過度呵護與保護，這些都不是父母該採取的正確教養手法，對於個體孩童在未來人生中需面臨的社群任務來說，這都不是適切的前置準備工作。憎惡或過度寵愛孩童，自然都會加深孩童的自卑感，導致未來的社會適應過程更艱難。或許在現代社會中，在情緒上過度強調孩童需要他人協助與關愛的現象，就是鑄成錯誤生命風格的最大原因。

生命風格大概在孩童五或六歲時就已定型。換句話說，會有一連串明確的生活境況，使孩童的自卑情境染上特定、獨有的個人色彩。這些生活境況會投射在特有的生命目標中，通常也會形成具體的行為或表達公式。除非個體後來因為接受教育或情況有所改變，而對生命境況有更深刻的見解，否則這種行為模式會像一股恆常不變、動態、整體的水流那樣繼續存在。這裡指的行為模式，起點是孩童初次感到自卑的情況，終點則是最後那看似安穩、全整、優越的具體目標。

個體很少能從自身經驗中學習。換句話說，人只能在事先學過如何客觀看待自我的前提之下，才能從經驗中學習並改變行為模式。客觀看待自我的技巧幾乎是無法隨意習得的，通常得仰賴外來影響或教育才能養成。多數人將自身經歷融入行為模式中。他們靠下意識動作與行為來生活，因而形成相應的生命經驗。童年自卑情境的本質，及其往後人生目標中的虛構補償，或多或少也主導我們的經驗。只有在學會完全理解自我生命風格、能在必要時改變個人目標，以及體認個人行為的好與壞之下，個體才能說是自身命運的主宰與靈魂的掌控者。個體心理學的研究，能協助個體了解自己的目標與行為模式，並加以改變，至少能以較不足掛齒的小錯誤，取代精神官能症行為的大錯，這就是個體心理學最突出的優點。

形成具體的優越目標之後，個體就會在現實障礙的允許之下，盡可能以最直接的方式達成目標。為了達成目標，每個人都會選擇一套最適切的工具與價值觀。這些工具就是所謂的性格特徵，而全套工具則為人格。一個人的人格，也能解讀成個體用來達成人生目標的工具與設備的總和。其他心理學派普遍使用的「人格分裂」理論，只不過是想像中的概念，雖然能用來描述特定精神現象，卻無法加以解釋。正如我在本文開頭所說，人格是一個整體，而看似「人格分裂」的現象，只不過是為了因應不同情境而選擇不同工具罷了。假如某位股票經理人因為今天在牛市交易，隔天在熊市操盤，就被視為患有人格解離，這種推斷實在荒謬。他的目標跟行為模式未曾改變，那就是想賺錢，只是他利用的工具有所不同罷了！

個體選擇的特有工具，會因其體格、外在環境、所處年代以及遭受的阻力而有所不同。因此，我們會發現大家的生命風格截然不同，像是有非常積極侵略、幹勁十足的人，也有如聖人一般溫順謙和的民眾。墨索里尼（Mussolini）跟聖雄甘地（Mahatma Gandhi）追求的或許是相同目標，但時間與環境促使他們採取截然不同的手段。父母的特殊興趣通常會主導孩童的生命風格。牧師的兒女時常是罪人，律師與警察的兒女經常是罪犯，這絕非偶然。專橫的父母以人為威權來管教孩子，孩子被壓得喘不過氣時就會表達抗議，立刻找出父母的心理軟肋，攻擊父母行為模式中的弱點。假如兄長在某方面的才華非常出眾，弟弟就會因為害怕競爭而選擇到另一個領域發展。如果家中有一位孩童以父親為楷模，與這位孩童競爭家族聲望的第二個孩子，就不得不以母親為榜樣，並且一邊輕視長子或長女的模範，一邊走在唯一可選擇的道路上，建立自己的安全感與全整感。

個體以這種方式建立起一套統覺架構，利用這套架構來測試所有經驗。個體會將這套人為建構的價值框架，套用在每段經歷和遭遇上。希臘神話中的普羅克拉斯提斯（Procrustes），跟他那張惡名昭彰的床，就是這套統覺架構的最佳比喻。假如不幸的旅客身材太過矮小，普羅克拉斯提斯就會將他的身體拉長，以符合床鋪長度。旅客身材過於高大，普羅克拉斯提斯就會將超出床鋪的腳砍掉。換言之，每位個體會將統覺架構的普羅克拉斯提斯之床，套用在每段經歷與遭遇上。透過這個觀點，我們就能解釋為何同一段經歷，會對不同個體造成不同後果。打另一個比方，第一次世界大戰造就某些殘忍的禽獸，有些人則罹患砲彈精神官能症，其他人則成為積極捍衛和平的鬥士，有些人則因其生命風格本質的緣故，完全沒有被這段經歷影響。

個體心理學是一門相對、比較的學問，而不是一套規範性的定律。個體心理學未提出明確的指令，也不是萬靈丹，更沒有能讓個體獲得救贖的簡單公式。不過我們還是需要一套適用於當代的**相對**規範，並利用這套架構來比較所謂精神官能症者、罪犯以及精神病患的行為。假如我們敢於勾勒出所謂正常的行為標準，這套標準應該會包含以下條件：個體的生命目標是當一個完整的人，透過從事對社會有價值、有效益的工作，來彌補個人缺陷與童年經歷。這就是正常個體的人生目標。這種人會發展出誠實、真誠、負責等特質。隨著年紀漸長，他也會逐漸拓展自己的社會連結，效益會日漸增加，也會越來越有自信、從容不迫、更有勇氣。他在行動、判斷與整個人的運作等方面都是獨立的個體，但他從事的活動則是由所處時期的社會需求所主導。假如在追求意義的過程中，有任何虛榮或野心未被消除，他就會將其導入用來提升公共利益的手段中。他會將異性視為尊崇的夥伴，與異性公平共享生命的勞動與特權。

從這段簡要的概述來看就能發現，多數人的行為大幅偏離此常規。只有少數人會將人性與人本主義設為人生目標。許多人在描述自己的人生目標時，可能會說：「我想像神一樣」、「我一定要成為眾所矚目的焦點」、「我一定要讓大家愛我」、「如果要活得快樂，一定要在性方面征服所有女性（或男性）」、「我希望能當個百分之百的男人」、「我想在付出最少的情況下獲得最大快樂」、「一定要保護自己，不要落入身邊惡人的陰謀中」、「我一定要閃避所有責任，回到年少時期的兒童天堂」、「我想當一輩子的孩子」、「我一定要用知識來支配身邊的一切」、「我得生一輩子的病，這樣整個社會才會照顧我」，或是「我一定得規避所有風險」等。數以千計的類似人生目標，全是因為個體誤判童年處境所致。在初始階段，如果孩童的自卑感越強烈，他就會將補償性的優越目標訂得更高，希望能成為如同神一般的存在。患有疾病的孩童想要徹底痊癒，窮人家的孩子想變有錢，近視兒童希望能將世界轉換成清晰可見的視覺圖像，笨手笨腳的孩子希望能變得靈活敏捷，被厭惡的孩童則渴求超乎人類所能給予的「額外」關愛。無能者的目標即為全能。力量與安全感其實是來自成長和發展，但早在意識到這點之前，個體早就立下人生目標了，因此目標總是超出人類抱負與活動所能及的範圍。

在人類生存過程中，個體有時會發現一種手段，這種手段能讓他獲得達成目標的**主觀**感受，而此手段就有可能晉升為次要目標。這種時候，手段的重要性就有可能超越目標。出現這種情形時，個體就會忽略原始目標，並在往後人生中愚昧地不斷重複施展、運用自己最愛的手段，最後損及身為人的效能。舉例來說，被寵壞的兒童在生命前幾年的目標，是當個不負責任、嬌生慣養的孩子，一旦他發現自己離開母愛的天堂，就會突然生重病，讓父母親再度來到自己身邊，再次獲得他們往日給予的關心與照料。他從這段經驗中學到，如果想要獲取權力，疾病是非常有價值的手段，更能藉由這個手段來達成目標。因此，孩童將疾病設定為次要目標，在面對全新的任務、決定、難題或障礙時，一再以疾病這個手段來應對。

將（通常還是一文不值）的工具晉升為人生目標，這種做法的悲哀在於個體會失去正常的機會，無法發展真正屬於自己的力量，畢竟唯有真實的個人力量才能帶來客觀的安全感。手段的實用效力非常危險，因為個體知道靠疾病換來的安全感是虛構的。而加倍付出努力、反覆施展生病這個手段的內在需求，也讓個體飽受折磨，最後陷入自憐自艾的憂鬱困境，不僅失去所有與世界的連結和真切的價值感，更丟失生活的樂趣。對精神官能症者來說，比起負責任過生活，逃避責任反而需要付出更多代價，這就是精神官能症的不幸。精神官能症者永遠活在恐懼中，害怕這種潛意識的手段會被揭穿。他害怕活著，也害怕死亡，最後成為活屍，為害怕感到恐懼。

斷腿者不必解釋自己為何不參加賽跑，但精神官能症者終其一生都得替自己辯護，解釋為什麼對其他人興趣缺缺、為什麼不負責任、為什麼毫無成就、為什麼猶豫不決、為什麼拖拖拉拉、為什麼過度小心、為什麼性慾乖張、為什麼虛榮自負、為什麼野心勃勃，或是為什麼自憐自艾。每個人內在都有一種感知，讓我們體認到當一個人，以及在人類社會中合作與貢獻付出的必要性。有人說這是所謂的良知，有人則稱之為超靈（over-soul）。名稱不重要，但是從精神官能症者必須不斷為個人失敗辯護的現象來看，就能確定這種感知是存在的。用人為（通常是潛意識反應）捏造或設想的「我無法」，來取代內心的「我不想」，這就是各種精神官能症的根源。直接說「我不想」可能會招致社會批判。而「我無法」不僅能讓精神官能症者能自我辯解，更能藉此將個人失敗的責任推到團體身上，同時獲得一種主觀的正當感，認為自己已經擺脫失敗的責任。精神官能症是自欺欺人的手段，使極具效益的表現被痛苦的藉口所取代。

成人的精神官能症始於「問題」童年。每位「問題」兒童都有可能成為精神官能症者，不過，唯有充滿「問題」的環境才有可能產生「問題」兒童。換句話說，問題兒童的行為是針對惡劣環境的正常反應。在人性的無知最展露無遺的所在，問題兒童的現象也最普遍。所有與心理衛生相關的問題，其實就是教育問題。阿德勒勇於以自己的方法來避免孩童出現偏差行為，藉此打擊教育和心理衛生方面的困境，這就是阿德勒對當代社會最大的貢獻：其他精神科醫師發現精神官能症始於童年，阿德勒則發展出一套技巧，不僅能藉其探究童年的行為偏差，更能消除這些行為。因此，個體心理學的發展已超出原本的心理治療系統，儼然成為社會學與教育學的重要基石。

童年精神官能症是在何時何地產生的？我們可將精神官能症視為錯誤生命風格的失敗產物。換言之，個體錯誤解讀自己的自卑情境，發展出一套過度補償的潛意識行為模式，進一步侵犯現實法則、客觀性與社群生活之後，會在現實世界中面臨一道無法克服的障礙，這時他就會發展出一套新的模式。這套全新模式就是精神官能症。出現精神官能症的個體，要不是試著替失敗辯解，藉此解決問題，不然就是試圖在精神上避開這個困境。在某些案例中，個體會創造出一套模式，藉由建構幻覺來否認障礙的存在。不僅如此，精神官能症也可被視為個體用來重建先前狀態的手段，因為在先前狀態中沒有這些問題或障礙。此外，個體也有可能將精神官能症當成報復手段，用來對付周遭環境中，被他視為是導致他失敗的對象。

以下舉出幾個童年精神官能症的案例，讀者就能清楚了解這些個案的運作模式。有位身為家中獨子的孩童，在六歲前受盡寵愛與呵護，他在這段期間也有消化方面的問題。後來他進入幼稚園就讀，首次面對適應團體生活的挑戰。想當然，他六歲以前的人生根本就是最差勁的前置準備工作，完全無法讓他好好面對這種改變。在支配外在環境的行為模式中，幼稚園是他人生中遭遇的第一項挫折。先前，如果身邊的成年人沒有滿足他的要求，他就會絕食抗議，父母也會立刻屈服就範。絕食抗議就是這位孩童的精神官能症前兆，因為他濫用自己的器官缺陷來表達對父母的抗議，逼父母屈服投降。進入幼稚園，成為二十位孩童中的平凡成員，對那位男孩來說似乎是不可克服的障礙。我們能預期他應該會運用消化系統的「器官語言」（organ dialect）來發動類似抗議。為了抗議，他每天早上都在學校階梯上嘔吐。深入檢視此行為的起源、目標，以及達成目標的手段，這一切就變得清楚易懂。孩童讓自己無法適應幼稚園生活，藉此重建他最愛的過往情境。

有名男孩是家中長子，後來父母又生了個女兒。妹妹長得漂亮、個性討喜，成為家中最受疼愛的寶貝，取代男孩原本受寵的地位。男孩不清楚到底發生了什麼事，不過他認為自己從王位上被擠下，被一名女孩所取代，而過去曾付出更多溫暖與關愛的母親，如今也背叛他。男孩的人生目標漸漸走偏，我們能用這句話來概括描述他的目標：「碰到女人一定要小心。女人是虛偽的。把每個女人當成敵人吧！」在童年與青春期，他不斷在潛意識中追尋這項目標，因此不留情面地取笑其他女生、輕視所有女性化的事物、拒絕幫女老師的忙，以及過度彰顯自己的男子氣概。他的普羅克拉斯提斯公式就在以下這段辯證過程中成形：「男性等於好，女性等於壞。」進入青春期後，針對女性以及女性在人生中的角色，他已經建構出一套由錯誤判斷構成的複雜系統了。

性成熟的發展也會帶來新的問題。在性方面，精神官能症有許多發展路徑。假如他碰到親切的男老師，在老師的影響下成長，或發現自己與女性相處時無法獲得舒適與群體感，與男性友人來往時卻能得到這些感受，他就有可能發展出所謂同性戀的精神官能症。在這個情況下，他會將自己的愛傾注在男性身上，由於內心懷抱錯誤觀念，他認為自己無法與女性相愛、結婚，或建立真正的人際關係。從這個時候開始，他就會逃避所有與女性的關係、閱讀歌頌男性情誼或探討女性不忠的書籍，藉此訓練自己成為同性戀者。他沒有發現這些書籍的作者，是其他曾遭受類似挫折的男性，他們也試圖替自己的挫敗找藉口。

另一方面，他也有可能將自己的性成熟當成支配女性的手段，成為名符其實的唐璜(Don Juan)，像這位西班牙傳說中的人物一樣，風流瀟灑、周旋在女性之間。對他來說，女性就是用來證明自身男性優越感的挑戰。在這種用女性來證明性別優越的模式中，有項不可或缺的要素，就是他可能會將性交與伴侶的臣服劃上等號，因此在他與女性的關係中，同樣也不可能獲得真正的快樂。這種男性只對追求異性的過程感興趣，與對方結為夫妻並不是他的目標。

讓我們舉另一位么子為例。他在大家庭中長大，其他哥哥姐姐都很成功，而且適應良好。與兄姊競爭的念頭讓這位么子卻步，因此他替自己打造出一個充滿幻想與夢境的世界，用這個世界來代替現實世界，因為現實世界看起來太過艱難。由於深刻感受到自己的不適與不足，他害怕與其他男孩或女孩進行人際接觸。他建構出由童話故事組成的新世界，裡頭有專屬的語言，也有一套個人的價值觀和理想。因為無法與其他孩童互動，他在心中幻想出一群同伴。因為無法使用其他人的語言，他只好發展出一套自己的言談系統。對這種孩童而言，人格解離的虛構幻想是必要的，因為沒有人能完全獨自生存。而且想當然，如果孩童無法與其他孩童接觸，他就會創造出想像中的同伴，這群玩伴不構成威脅，還會滿足他的所有需求，與理想世界的意象完美吻合。

不難想像，這位孩童在面對校園中的真實問題，或發現青春期跟疾病的壓力與負擔，讓他對意義的追求更艱難時，應該會發展出一套孤立、消極、限縮與外界關係的行為模式。另一方面，他的內在生活也會更加完滿豐富。在這類孩童當中，有些人逐漸找到與人生和諧共處的方式，成為詩人、夢想家、劇作家、作家，有時還會變成哲學家與心理學家。不過這類孩童更常罹患所謂的早發性失智[3]（dementia praecox），這類患者如今已塞滿各大州立醫院。要是特定生理缺陷使他們的問題加劇，他們就更有可能落入這種處境。

所有作者在描述早發性失智症這種有趣的症候群時，都提過思覺失調、人格分裂、緘默、個人語言、負面消極、性方面的異常行為等現象。假如研究人類本質的學生，能從這些病症的表現形態中看出無助這項共有特徵，上列症狀描述對他來說就不難懂。只要醫生學著去理解早發性失智症的所有行為邏輯，了解患者必然會往隔絕、孤立與不負責任的方向發展，就能破除此病無法治癒的迷思。誠如阿德勒所示，假如醫生比患者更充滿希望，許多早發性失智的案例都是可治癒的。假如同意讓病人繼續陷在無助的狀態中，表現得「彷彿」病人的邏輯推演是正確的，他們預設的情境就會成真。

三、

即便是以最簡略、概括的方法，我們也無法描述人類行為模式的種類。不過針對個

3 譯註：dementia praecox，在一八九六年由德國精神科醫師克雷佩林（Emil Kraepelin）提出，中文譯為早發性失智或早發性癡呆，後來此用法逐漸被 Schizophrenia（原為精神分裂，後改為思覺失調）取代。

體在面對必須應付的問題時所處的情境，我們就有辦法進行歸納統整，因為在人與宇宙的關係中，個體必須面對三大類問題。這三大類問題就是社會問題、工作問題，以及性方面的問題。

第一組問題是衍生自人類群體生活的生物必然性。假如想當人，就必須承認自己與其他人之間的連結，也就是承認自己與他人共享某些特質，尤其是語言、邏輯、常識與同情心等。社會是為了個人利益而存在。唯有在社會環境中，個人天生的才能與力量才能完全發展。第二類與工作相關的問題，則是個體支撐社會結構的必然結果。個體必須向社會支付利息，我們將此利息稱為有效益的工作。第三類問題則是源自男性與女性這兩個性別，而所謂愛與婚姻等社會條款，則是解決問題的最佳方式，不過這些社會條款也是問題的根源。在不同時空之中，愛與婚姻的外顯型態會有所不同，但不管是發生在何時何地，愛與婚姻總是與群體的社會利益有明確的關聯。

這三類問題，能被比喻成馬戲團中的三個表演場。在各個表演場內，每位個體都必須扮演自己的角色。而解決問題並非私人事務，不是個體單靠個人判斷就能化解的。唯有在團體與個體互相保護、彼此貢獻付出的情況下，人類社會才有存在的可能。跟其他馬戲團一樣，在我們稱為宇宙的表演主場外，還有各式各樣的邊場表演。有些邊場表演離主舞台近，有些則離得比較遠。只要稍微觀察人類行為這齣劇碼，會發現許多人忙著參與這些邊場表演。跟在主表演場扮演自己的角色的演員相比，邊場演員的活動似乎顯得更熱切激昂。這些邊場演員就是精神官能症者與精神病患，他們就是靠這些過度活躍的行為，來矇騙自己與其他人。他們展示自己的親切和善、全然的無助、不負責任的態度和極端的行動，以此作為拋棄主場舞台的理由。

邊場表演者不一定是心懷不軌地想逃避身而為人的義務。只是他們對人類活動的一致性一無所知，使他們得以繼續遵循通常對社會毫無助益的模式。他們對人生的主要競技場投以嚮往的目光，完全沒有準備好面對競技場中的挑戰，試圖為自己無法遵從規範找藉口開脫。他們會說「**如果……**，我會」跟「我知道，**但是……**」。他們的精神官能症就徹底體現在「如果」與「但是」中。他們有所保留、提出不可能滿足或實現的條件、聳聳肩，讓身邊的人擔負支持他們的責任。

精神官能症的初期階段，是由一連串症狀所促發，這些症狀就是阿德勒所謂的「遲疑態度」（the hesitating attitude）。懷疑、猶豫、拖延、悲觀、輕視人生、焦慮、過度小心、誇張的野心（通常是對個人力量或支配的野心）、孤立、漠不關心、異常倦怠、缺乏耐心以及一系列類似的性格特徵，都是遲疑態度的特點。假如我們還記得所有人類行為都有其目的，就能推導出這些特質的目標。懷疑、猶豫不決、懶惰，這些並不是人格特質的靜態描述。事實上，這些是非常動態的工具，恰好能用來滿足目的，也就是逃避人生的最終測驗，以過度緩慢的方式來面對這些問題，以至於最後找不出解決辦法，藉此與人類正常活動保持阿德勒所謂的「距離」。正常與精神官能症有某部分的重疊，界線也相當模糊，因此唯一能用來判斷精神官能症嚴重程度的標準，是看個體與人類正常目標與正常活動「距離」多遠。

由於大家都得填飽肚子，多數人大致上都解決了與工作相關的問題，不過這個表演場外圍的表演也是不勝枚舉。以錯誤的方式利用他人同情，並以此維生的乞丐等人，絕對能被歸類為邊場表演者。性行業操控者[4]與性工作者，為了經濟需求而扭曲性功能，絕對也會被歸類在相似的類別中。騙子、罪犯，以及所有在黑社會中生活的人，還有靠著小聰明欺騙容易上當的人，他們永遠都不懂工作其實不是詛咒，而是個人救贖的一種形式。那些工作一個換過一個，在工作時間還沒長到能付出任何貢獻之前就轉換跑道的人、無法適應正常工作狀態的人，以及工作內容是剝削他者的人，這些人都活得不快

4 譯註：俗稱皮條客。

樂，都不理解工作的價值和意義。有些女人一天到晚打橋牌、麻將、聊八卦，徒勞無功地想逃離枯燥乏味的生活。賭徒不相信自己的力量，成天追逐「運氣」。有些人的工作，則是建立在他人的貪心與無知之上。這一大群各式各樣的民眾缺乏面對問題的勇氣，無法提升自我生產力，也沒辦法對人類福祉帶來有益的貢獻。

世界的連結一天比一天緊密，群眾互相合作的現象也日漸頻繁，孤立基本上是不可能的。只有確實斬斷與他人連結的精神異常者，才有可能徹底自我孤立。我們在前段提到，個體與社會之間的理想關係，就是個體在生活中盡可能與周遭群眾建立連結。個體唯一能確信的安全感，是來自周遭群眾善意的安全感。因為教育出了差錯，許多鬱鬱寡歡者並未與他人建立連結，反而在身邊搭起圍牆，試圖以此獲取安全感。孤立的手段，說到底就是勢利眼、偏執、仇恨、懷疑、嫉妒、羨慕以及利己主義。職業上的階級意識、以愛國為幌子來謀取私利、派系意識、驕傲、虛榮、厭世，這些都是達成自我本位孤立的手段。沒禮貌、賣弄學問來挑三揀四、陰沉、粗俗、炫耀，這些都會使社會適應更加困難。這些就是社會生活的邊場表演。

在我們所處的年代，針對性相關問題的訓練，比較難讓個體對性發展出正常的態度。在現階段社會中，性別合作並不是常規，性別敵對才是常態。另外，跟另外兩組問題不同的是，對個人生活來說，性相關問題並沒有迫切解決的必要。而且要找到好的解決辦法，還得具備高度社會意識才行。基於種種原因，在這個主要表演場周邊的邊場秀數量更多，或許比另外兩個領域還多。列出所有與性相關的問題並非這篇導讀的本意，因篇幅所限，只要這麼說大概就能勾勒出現況：從當代各種主要的性偏差行為來看，就能發現不少人都在性這個表演場的邊場秀中，這些偏差行為像是男同性戀、女同性戀、女性性冷感、男性性無能、性交困難、性交易、虐待狂與被虐狂、迷戀特定身體器官或戀物癖、無限上綱的「自由戀愛」、禁慾、守望保護協會[5]（Watch and Ward Society）對情慾的瘋狂偏執、對色情書刊或影像的狂熱、八卦小報以非人道方式濫用性相關問題、法律禁止避孕相關資訊等。加上獨身主義、手淫恐懼症、在性方面採取苦行主義、迫使婦女為娼、童婚、身體與精神亂倫（例如父母對異性子女的異常依附）、強暴，以及當代一長串扭曲的性相關行為，就能看出一般「文明」男女在面對性方面的問題時，有多麼手足無措。

特定心理學派假設[6]，所有人類面對的痛苦與困難，都是性方面適應失調所致，而

5 譯註：於十九世紀末到二十世紀中期於美國波士頓（Boston）成立的組織，積極審查各種內含露骨或粗俗內容的書刊或表演藝術。

6 譯註：這裡指的應是以佛洛伊德為首的精神分析學派。

所有精神官能症都是源自性功能異常。研讀阿德勒心理學的學生很快就會看出這套論述的謬誤。性方面的行為從來不是精神官能症或精神異常的成因，而是其中一種表現形態。這通常是精神官能症的第一項徵兆。只要仔細分析個體行為的完整模式，研究其人生目標和達成目標的方式，就會發現他的精神官能症傾向，或許也會出現在他對社會與職業的反應中。

四、

個體心理學的治療手法，是建立在其哲學假設的應用之上。「治癒」精神官能症的關鍵在於，讓精神官能症者洞察自身錯誤，讓他知道自己採取的手法缺乏效率，並鼓勵他立定更好的目標、找出更好的生命風格。換言之，精神科醫師必須揭露精神官能症者深藏的祕密目標，讓他知道自己有支配的渴望，並且回溯潛意識模式的形成軌跡，找出他的統覺公式，再將這套公式套用在患者提供的自傳資料中，以及他當前的目標與欲望上。最後，精神科醫師也要說服患者，讓他相信比起精神官能症帶來的虛構安全感，設定更多符合人性的目標，才能獲得更多身而為人的滿足感。而在對談過程中，精神科醫師應抱持友善、親切的態度，診療環境中燈光明亮、不擺放沙發，也不該有催眠的意圖。

理解精神官能症患者在某個階段對童年境況產生誤解後，阿德勒學派的精神科醫師就要再度扮演患者母親的角色，補足她當年無法滿足或實現的部分。醫師展現堅定的善意、耐心與同情，藉此贏得患者的信賴。患者再度經歷早年的自卑處境，但這次卻恍然大悟，發現原來自卑情結是來自對童年客觀事物的誤解，是主觀、不必要的產物。現在，患者終於了解原來由人際情誼搭建出的堡壘，比孤立建構出的虛假高牆還強大可靠。

在分析與重新教育患者的過程中，阿德勒學派的精神科醫師會拿掉所有個人權威。這跟精神分析的取徑背道而馳：精神分析師要求患者全然服從，不允許患者運用批判思考能力。阿德勒心理學採用的再教育手法，其實就是要患者與醫生合作進行分析、研究。患者提供生命中的具體事蹟與經歷，精神科醫師則提出解釋、給予鼓勵。精神科醫師會將自己在見解方面的優越感縮到最小。精神科醫師如同稱職的教育家，會利用自己的角色來給予鼓勵，而不是羞辱學生。雙方會一起擬定新的目標，而這通常是通往人本主義的積極目標。同時，他們也會共同建立一套完全符合個體需求、用來達成目標的新手法。通常在會談的前幾個小時，醫生就能稍微勾勒、分析出患者的情況，因此沒必要愚昧地仔細剖析已成事實的過去。畢竟模式一旦成形，挖掘往事的手法也只會再次承認、證實模式的存在。因此，我們會利用更多時間，來將有價值的元素整合成更有效益的全新生命風格。

研究過程中，精神科醫師沒有說教的餘地，他不會認為自己在道德上比患者更優越。醫師總是秉持這種態度：「在何種情境下，在追求哪些目標的過程中，我也會採取相同生活方式？」醫生深知精神官能症是挫折的產物，因此會替患者設下簡單的任務，這些任務都是患者能憑一己之力完成的。在阿德勒心理學中，醫師與患者的關係，跟老師和學生的關係相去無幾。這麼一來，患者就能擴大自己原來在勇氣與社會意識感方面的資本，循序漸進從醫師那邊獲得難度更高的挑戰，直到患者在面對人生三大問題時，能採取正常行為模式為止。醫生絕不會試圖將患者打造成完人。患者獲得全新洞見後，好處是能用較微不足道的小錯，來取代精神官能症的重大過失。只要過得更充實圓滿，就能從生活中獲得更多喜悅。

個體心理學家發現，在治療具有行為或表現問題的孩童時，阿德勒提出的技巧不僅簡單，成效更是驚人。讀過病例大綱，或聽孩童母親描述孩子的困境之後，精神科醫師通常就能看出孩童特定問題的本質。問題孩童的行為模式並不複雜，如果能判讀、解釋行為的徵兆，幾乎就能立刻找到解決辦法。我們在導讀前幾段提到幾項會讓孩童受挫的因素，從本書列出的案例就能發現，問題孩童通常都曾遭受其中一項或所有因素的打擊。孩童的問題通常來自父母。這些父母帶來額外的困難與障礙，阻撓孩童正常發展的管道。因此在輔導問題孩童時，也必須將主力擺在父母與老師的教育上，讓他們了解孩童行為的動態模式，並且盡可能排除會使孩童受挫的因素。

孩童通常能夠理解個體心理學的運作、接受其觀點，這就證實個體心理學的邏輯確實非常簡單，效用也顯而易見。若輔導個案是幼小的孩童，精神科醫師和父母只要將使孩童感到挫折的因素拿掉，問題就能迎刃而解。面對年紀較長的孩童，我們就得遵照一套明確的訓練模式，讓孩子更有勇氣、更獨立，獲得更多社會意識感。雖然個體心理學無法宣稱能解決所有孩童的問題行為，但父母和老師如果能學會如何在輔導過程中巧妙合作，即便是最嚴重的個案也會對治療有所反應。

阿德勒總說學校就像心理衛生診所，是最適合採取預防措施的所在。在校園的社會環境中，面對其中各項任務時，孩童就是在面對世界的縮影。只要學過阿德勒輔導問題孩童的方法，熟知阿德勒影響孩童心智的技巧，老師就會發現課堂上的挑戰與障礙減輕許多。將精神官能症的行為模式重新導入正常的管道，第一步是先辨別出這些模式。鼓勵、理解孩童，他們一定會有所反應，正如在陽光、雨水和土壤都面面俱到的環境中，植物就會適切成長是一樣的道理。對老師和父母來說，理解跟鼓勵孩子，就跟指責孩子、使他們灰心喪志一樣容易。「每個人都能完成任何一件事」這就是阿德勒心理學的首要原則。開發出這套理論的學者知道這項原則有其限制，但將此觀念當成人際關係的實用原則，卻是非常有價值的工具。老師將學生歸類為品行不良、愚笨、懶惰與帶有精神官能症傾向的孩子，小孩就只能一事無成，當個愚蠢、神經質的人，這點絕對不會錯。用這種方式來對待孩童，通常也只會讓他們順應我們的預期，採取相應的行為與舉止。與孩子互動時，相信他們「似乎」能順利適應人類社會，這種心態不會帶來任何損失，通常還能造就驚人的奇蹟。

這篇不得不精簡的個體心理學導讀，並不是寫給悲觀主義者或懦夫讀的。讀者若相信每個人心中都有能夠點燃成熊熊烈火的火苗，堅信大家都有快樂地當個人的權利，希望這篇引言能夠激勵你們繼續研究。接下來我們在書中陳述的個案，能讓讀者學到解讀人類生命風格的技巧，就像技藝嫻熟的音樂家閱讀交響樂的樂譜那樣。此外，個體心理學比較像藝術而非科學。個體心理學的應用就是創意的直覺感知，就是對人類掙扎與奮鬥的敏銳同理心。人類史上的偉大詩人和教育家，正是在這份同理心驅使下誕生的。未曾將生活推展到極致，沒有深刻體會過人生苦難與狂喜的人，不必期待精通這項技藝。

但每一位具備思考能力的人，都有能力成為技藝超群的工匠，能夠掌握並應用個體心理學的基本原則。

【第一章】

全身的姿態

今晚我們要來研究弗洛拉（Flora）小姐的困擾，她最大的問題是多年來會突然失去意識。她與父母、兩位哥哥和兩位弟弟同住，家裡還有兩名幼童，家庭氣氛十分和諧。患者身為唯一的女兒，總能任性地為所欲為，也特別受父親寵愛。

聽到失去意識，我們目前會立刻想到癲癇（epilepsy），不過癲癇是用來描述各種疾病的籠統說法。診斷時，個案之間的差異有時極難分辨，全憑內科醫師自行判斷。癲癇患者通常得在生活中面對嚴峻挑戰，由於這些難題會反映在他們的心態上，有時我們難以判定器質性疾病在哪裡止步，疾病又是在何時進入精神上層結構。癲癇向來被稱為疾病，因為癲癇患者始終是由內科醫師來照護治療。這跟外行人對各種精神官能症的態度頗為相似，精神官能症過去總被統稱為歇斯底里。

真正的癲癇與假性癲癇之間的差異，可透過幾大相當關鍵的症狀來判別。真正的癲癇發作時，雙眼瞳孔會有所擴張並對光線毫無反應。這是器質性癲癇的一大重要指標。目前此跡象未曾出現在弗洛拉的病歷中。第二項關鍵症狀，是患者失去意識時會出現巴賓斯基反射（Babinski reflex）。若想測試患者是否出現巴賓斯基反射，可撫觸患者的腳底。正常情況下大拇指會向內縮起，但出現巴賓斯基反射時，患者的大拇指會朝腳背方向往上翹。巴賓斯基反射顯示患者大腦特定區域受損，使神經衝動無法透過慣常路徑來傳導。真正的癲癇還能透過其他指標來判斷。有時患者會有皮下出血的現象，耳後區域尤其常見；癲癇發作時患者往往會咬自己的舌頭，唾液中因而混雜鮮血。患者也很常在癲癇發作時倒地受傷。癲癇患者時常會有瞬間的不祥預感，預知癲癇即將發作，我們將此預感稱為前兆（aura）。雖然型態各異，但前兆通常都會出現。

這些症狀只會在真正的癲癇發作時出現，歇斯底里所致的昏厥則不具這些指標。因為歇斯底里而失去意識時，個體會覺得自己受到傷害、感到絕望無力，並透過全身姿態來表達自身態度。歇斯底里患者的昏厥代表：「我軟弱無力。」歇斯底里患者會立刻恢復意識，但真正的癲癇發作時，患者通常會在一段時間內感到昏昏欲睡、頭痛與抑鬱，此現象可能持續數小時。癲癇與歇斯底里的其中一項重要區別，在於癲癇患者不曉得自己暈過去了，要等症狀消退後才會意識到剛才發生了什麼事。

絕大多數的癲癇個案，都跟特定心智缺陷脫不了關係，這也讓我們在診斷時更難分辨癲癇與歇斯底里的差異。假如以會讓真正癲癇患者發脾氣的方式責難他，就有可能提升癲癇發作的頻率。癲癇患者的脾氣通常都不太好。仔細研究癲癇患者的家庭背景，經常會發現某位家庭成員的脾氣特別差。我們必須將壞脾氣視為自卑情結的徵兆。如果在家中，孩子出現癲癇症狀，而父親脾氣暴躁，我有時都覺得小孩是在模仿父親易怒的性格。

有時，癲癇發作會因為癲癇性精神錯亂而惡化。癲癇性精神錯亂的特點為幻覺，以及狂暴、殘酷的行為。癲癇患者通常會被送進精神病院，接受鎮靜藥物治療，這些藥物會使患者成天恍恍惚惚、昏昏欲睡。雖然癲癇未徹底消失，但這種療法確實能減低癲癇發作的次數。

雖然真正的癲癇與歇斯底里導致的昏厥之間有各項差異，但醫生還是很難下確切的診斷，因為癲癇發作時醫生通常都不在場，無法親自檢查瞳孔與巴賓斯基反射。

根據我的經驗，癲癇只會出現在某些易感、敏銳的人身上，而且要在他們身處不利的情境時才會發作。我認為這種易感、敏銳的特性，是大腦血管病變所致。癲癇發作時，患者看起來就像大發雷霆那樣，彷彿作勢要攻擊他人。在同時具有腦血管病變以及性格易怒的個體身上，癲癇確實最容易發生。癲癇患者通常很殘酷，做夢時也常夢到自己身處殘暴或打鬥的場面。在癲癇患者的心智組成中，殘酷扮演非常重要的角色。雖然有些癲癇患者外表看似親切、溫柔、文靜，但仔細頗析他們的夢境，就會發現他們一點也不和善，各種殘暴的情節都有可能出現。酒精無疑會增加癲癇發作的頻率，這點能靠實驗來佐證，只不過實驗過程可能不太人道。會因酒精而產生不良反應的癲癇患者，應避免飲用任何含酒精的飲料。

在我治療癲癇的經驗中，我發現盡可能讓癲癇患者輕鬆過生活，是個很值得參考的建議。此外，就我的經驗來看，如果能讓患者學習如何變得更強壯、更自立、更冷靜沉著，病況也會有所改善。換句話說，我發現當患者在社會中適應良好時，癲癇也會隨之消失，就連針對經過許多醫師診斷確實患有癲癇的患者來說，這個方法同樣管用。我之所以這麼說，不代表我有能力治癒癲癇，單純是想強調只要能提升患者適應社會的程度，有時就能減輕癲癇的症狀，患者也能過得更舒適自在。在某些案例中，社會適應能力高到一定程度時，癲癇症狀確實也會完全消失。

現在讓我們繼續分析這名個案。我們知道弗洛拉是家中獨女，只有兄弟沒有姐妹。就我以往的觀察，在這樣的家庭中，女孩通常會被過度寵愛，時常無法發展正常女性角色。她通常會非常順從，但幾乎沒什麼自信，而且也非常依賴他人。她的發展模式也會使他人必須時常從旁給予支持。她很有可能無法獨處。另一方面，在這種情況下她還有可能發展出另一種模式：家中獨女有可能會以男孩的方式長大，展現堅強、勇敢的性格，並強調男孩子氣的特質。瀏覽病歷，我們必然會看出個案步上哪一條發展路徑。

我們先前讀到個案的家庭氣氛融洽，身為獨生女的她總是能為所欲為，也特別受父親疼愛。因此我們能推斷患者的性格，應該會像一位被寵壞的孩子那樣，尚未發展出充足的心智強度。她或許個性甜美、文靜、順從，而且非常渴望被他人欣賞。我在個案筆記中讀到這項陳述：

「第一次發作後，她就跟母親一起睡。」

從這裡就能看出女孩除了不願獨處，初次發病還使她更依賴他人。因此我認為她所謂的癲癇是思考後採取的行動。病歷紀錄還提到：

「家庭生活很完滿，個案的健康狀況非常正常，在這之前也未有精神官能症的跡象。母親說她在各方面都很完美，很容易就交到朋友。」

在母親的描述下，弗洛拉像個完美無瑕的孩子。這更讓我認為弗洛拉是屬於第一型，是甜美、順服的少女。我們也能肯定她是個被寵壞的孩子，是時候該學習獨立了。獨立自主能讓她獲益良多。事實上，如果她想要痊癒，獨立也是唯一辦法。

「她的休閒娛樂是看電影、欣賞劇場表演跟搭車兜風。她的課業表現優異，畢業時是班上第四名。放學後她會接著工作，而且相當樂在其中。」

從校園紀錄來看，她或許不只想當家中的寶貝，也渴望成為學校中最討喜的學生。她大概是想靠優異的表現來博取好感。

「目前她擔任秘書，表示很喜歡這份工作。還在讀書時，她的志向是當老師，但後來放棄這個目標，因為當老師需要額外加把勁。」

我們能再次從這段陳述看出她缺乏自信，而且不肯努力成為獨立的個體。

「個案現年二十五歲，聽說相貌姣好，只不過有隻眼睛略為斜視。她無名指的一截關節被切掉了，不過她雙手交握的方式讓人很難注意到這個細節。」

想當然，這些缺陷對她的人生來說舉足輕重，她也設法不讓自己受這些缺陷影響。在生活中，她的態度總是有所遲疑，彷彿對自己不大信任。

「她無法提供任何早年記憶，還抱怨要回想少女時期的經歷很困難。」

我相信如果我試著喚醒她的童年回憶，她就能想起往事。對某些人來說，回溯童年經歷很困難，因為他們認為自己必須回想十二或十三歲前令人不快的事件。但這根本沒必要。我通常會問：「還記得在學校念書時的事嗎？」患者通常在回答這題時都會小心翼翼。如果想了解個案的人格，他選擇想起的記憶是非常重要的線索。回溯校園時期的經歷之後，個案通常就能想起入學之前的生活片段。我有時候會建議患者，請他們寫下自己想得起來的早期童年經歷，假裝是在替自傳做重點筆記一樣。弗洛拉想起兩場夢境，內容或許值得一聽。

「『我夢到自己跟一個男生約會，我通常都會到他工作的藥妝雜貨店買午餐，我們約會時很親密、充滿愛意。在另一個情境相同的夢中，男主角是我老闆。』」

我們能從夢中發現，個案希望獲得他人關愛、受到重視，在家跟在職場都是如此。假如雇主對她寵愛有加，她大概就不會做這種夢了，因此我們能推斷老闆對她還不夠親切，尚未達到她的期望。她在夢中創造這個情境：「如果他很疼愛、照顧我，情況會是如何？該怎麼讓他愛我？」由此就能看出她正在為自己的目標做準備，也就是獲得老闆的關愛。我們絕對能從夢中讀出這些事實。那位在藥妝雜貨店上班的男孩，大概也沒有真的跟她有過親密約會。我們能推斷她現在並不是處在自己希望的處境中，這對我們的判斷來說是相當重要的線索。

「『我夢到有一波潮水淹沒街上的所有人。但我完全沒有濕，只是站在一旁看。』」

第二個夢更有意義，因為這個夢展現個案天生的殘酷性格：她眼看其他人淹死而未出手幫忙。這個夢代表：「我該怎麼樣打造出一個情境，讓世界上的其他人都淹死，而我獨自活著呢？徹底獨自一人是什麼感覺？」她或許會將父母從洪水中救出，但完全不顧其他人死活，任由他們被水淹沒。她為什麼會希望其他人滅亡？我們可以肯定她恨世上其他人，因為她沒辦法讓其他人愛她。唯一的解決辦法是讓全人類毀滅。這種念頭顯露出她內心的優越情結，不過我們知道優越情結總是源於自卑感。這場夢就像在宣洩怒氣一樣，她彷彿想說：「讓人類滅亡！」

「她抱怨母親無法讓五歲跟七歲大的孫子聽話，但她有辦法讓小孩乖乖順從。」

從這句陳述，我們大概就能理解為何她想當老師。她認為老師身邊總是有一群聽話、乖巧的小孩，她想要這些孩童透過服從，來展現他們對她的愛。

「她認為家人一直以來都對她太好、太縱容她了。」

此說法顯示她對自身處境有相當程度的認知，但這項認知並沒有帶來任何改變，只是讓人覺得她頗有自知之明罷了。我們知道她希望所有人都臣服於她，包含上司、藥妝雜貨店店員、孩子跟父母。她的問題在於如何達到這項目標。如果辦不到，她的整個人生架構會徹底瓦解，整個人無能為力。

「癲癇初次發作時，她在同一間辦公室上班已有兩年。在許多同事共同辦公的空間中，她突然大叫並不支倒地。她的頭撞到混凝土地板，還咬了舌頭。在被送達住家之前，大家都得使力抓著她。回家後，她則由幾名醫生和一位專業護理師照料。她陷入重病長達一週，同時還出現腎衰竭的現象。」

這樣看來，第一次彷彿真的是癲癇發作，不過因為她同時患有其他疾病，所以昏倒也有可能是其他病症引發。我們暫時不下結論，等待進一步觀察判斷。

「第二次發作是七個月後，當時她人在家裡，暈了過去，手臂被電捲棒嚴重燙傷。當時她阿姨也在家，母親則外出拜訪親友，並在外過夜。這是孩子出生後母親首次在外過夜。」

假如她真的是癲癇患者，那她的病況發展模式絕不尋常。一般來說，假如拖到十八歲才被診斷出癲癇，那在嚴重發作之前，肯定會有輕微發作的紀錄。這名個案發作得太突然了。第一次發作時患者十八歲，情況嚴重到得跟母親同床睡。第二次發生則是在七個月後，當時她母親正好在為人母後首度外出過夜，這未免也太巧，絕對值得注意。我們必然得下此結論：患者想掌控母親。雖然她用溫柔、和善的方式來展現支配欲，但這仍是一種掌控。癲癇發作就像在對母親說：「你為什麼把我一個人留在家裡？」從這裡讀者就能看出，我們必須了解全身的肢體語言。

十三個月後，患者再度昏過去。在這段期間，患者服用抗癲癇藥物路米那（Luminal），同時還一邊節食。由於節食和服用癲癇藥物，患者通常都顯得相當虛弱，不過治療能協助患者撐過去，有時還能發揮不錯的療效。

「最近一次發病之後，這種失去意識的現象，在她每次月經來時都會發生。病況在這個階段特別嚴重，目前幾乎每週都會暈過去。患者覺得快要發作時會呼喊母親，接著就昏過去。」

這些都是了解疾病本質的重要線索。對這位少女來說，月經初來時最艱難。她之所以在月經剛來時昏過去，或許是因為她不想承認自己是女孩，內心希望能當男孩。每次經期一到，患者就會變得更激動，而這種緊張焦躁的情緒，就是發作的重要決定因素。即將發病時呼喊母親，也進一步顯現出疾病的目的。患者病歷上記了這段話：「有一次她覺得快要發作了，就跑到屋外，鄰居當時就在外頭。」這表示母親不在身邊時，她希望有人能取代母親。

「癲癇發作時，她的理解力會降低，而且通常會在與人爭吵後發作。」

我不知道該怎麼做才能協助這位患者，但治療重點在於改變她的整個生活風格，並且讓她與自己的女性角色和解。在此，我們必須考量她與愛人的關係，因為她不喜歡當女人。雖然我尚未讀完整份病歷，但仍相信能在她的戀愛生活中找到某些自卑情結的蛛絲馬跡。我們應該請她的愛人提供詳細資訊，不過或許病歷筆記也能幫上忙。

「他跟同一位男孩交往八年，訂婚已有三年。她發現自從訂婚後，發病頻率比以往還高。」

我想大家都同意跟同一位男孩交往八年實在太長了。由於她目前發病的頻率更高，我敢保證事態肯定會出現以下其中一種發展：要不是她的未婚夫被疾病嚇到而決定不娶她，不然就是她會堅持「等我好了再結」。暈眩發作能讓她維持這項說法。她的人生目標就是逃避女性角色，推遲所有與婚姻相關的決定。她怕自己會被男性支配，「等我好了再結」是她的最後一道防線。她想逃跑，想停下來猶豫思考。

「目前她的生活中還有另一名男孩，她愛這個男孩，但覺得自己應該忠於原先那位，因為他等她等了這麼久。第一位男孩完全不曉得對手的存在，表示他想要等弗洛拉痊癒。她說：『要是沒這個病，我會結婚。』」

兩個男孩比不過一個男孩，這是大家都知道的規矩。我們能理解同時愛上兩位少年，會讓人不想那麼早決定跟其中一位結婚。她的人生目標是逃離愛的困擾，她也透過兩種方式來達成目標，首先是將自己的愛意分散給不同對象，再來是誇大暈眩的病況，藉此顯示自己無法負責。但這些行為未必得被解讀成是有意識或蓄意的。這女孩病了，也對疾病發作的真正意義渾然不覺，這其實是她生命風格的一部份。我們也看得出來，這些手段非常適合用來達成這些隱性目標。她想忠於那位等待已久的男孩，這或許顯示出她性格中有正直、良善的一面。不過在治療過程中，我們必須讓她知道，其實她不像自己想的這麼有良心。對於那位說願意等她疾病痊癒的男孩，我稍微覺得有些可疑，而她之所以選擇跟他在一起，或許是因為他贊同她的打算，而且願意等待。她用「要是沒病，我會結婚」這個說法，來表述自己的生活風格，這點實在有意思。當然，我們能從中看出她的好意，但這句話的真正意涵，只能從我們沒聽見的激動旁白中推導而出，這句旁白就是：「但我真的有病！」

病歷還提出兩項更重要的重點。

「第二次發作時，家中迎來一位孫子。多數時間，弗洛拉的母親都讓她待在家。她就是在這個階段遇見自己愛上的第一位青年。」

第二次發病疑點重重，弗洛拉有可能在不知不覺中體會到如果自己病了，就能在家中獲得更多。

個案會議

弗洛拉進入教室。

阿德勒：我想請問，你突然發病的時候，在職場上的狀況還好嗎？工作上有碰到任何困難嗎？

弗洛拉：我有幾次想辭職。那裡人太多，太多來自外在的刺激，我在那裡不是很快樂。

阿德勒：你喜歡上司跟同事嗎？

弗洛拉：喜歡，我的同事人都很好，上司就是典型的那種老闆，跟其他老闆沒什麼差別。

阿德勒：我知道你有一些腎功能問題，這可能在工作上對你造成一些困擾。上司有批評過你嗎？

弗洛拉：沒有，他沒有批評過我。當時我好得很。

阿德勒：不過你想離職。

弗洛拉：沒錯。

阿德勒：你現在有在上班嗎？

弗洛拉：有，在房地產公司當秘書。

阿德勒：喜歡新工作嗎？

弗洛拉：喜歡，比上一個工作更好。

阿德勒：很開心聽到你的工作狀況有所改善。你還想得起來小時候的事嗎？能不能跟我聊一聊你的童年？就算不是很重要的事也沒關係。或許你還記得自己喜歡什麼、不喜歡什麼。

弗洛拉：有點難說。我想我應該滿喜歡戶外運動的。

阿德勒：你最喜歡哪一種運動？

弗洛拉：我最愛溜冰，從山坡上往下滑。還有爬樹。

阿德勒：你一定是個勇敢的女孩。

弗洛拉：我沒別的選擇，我必須跟其他四個兄弟競爭。

阿德勒：跟兄弟競爭你還吃得消嗎？

弗洛拉：我想我一直都跟他們不相上下。

阿德勒：你還記得自己是否曾經想當男孩嗎？

弗洛拉：沒有，我應該沒有想當男生過。但我一直都跟男生玩在一起，因為身邊沒有女生。

阿德勒：我猜你大概是被當成男孩養吧？而且因為兄弟的關係，你應該也有很多男生朋友。

弗洛拉：確實如此。

阿德勒：如果能跟那位把你的病歷送來的老師談一談，她就能告訴你為什麼你會變得這麼容易出現情緒波動。你很容易陷入緊繃的狀態，也會透過這種失去意識的昏厥現象，來展現自己的脆弱和無力。只有在別人對你發脾氣或批評你的時候，你才會昏過去。在我看來，你似乎有些害怕未來，對自己也不夠有自信。我認為你不想替自己做決定，希望能在不付出任何努力的情況下獲得別人的關愛。我很能理解這種心態。不過假如你能更勇敢，體認到自己不必時時刻刻與兄弟競爭，我想你的健康狀況也會有所改善。除了一直處於完全無力的狀態，其實你還可以選擇其他更棒的生活方式。你難道不想試試看其他生活模式嗎？

弗洛拉：當然，我當然想。

阿德勒：其實所有問題都來自於你不夠勇敢。我建議你可以下定決心，為自己的一切行為負起全責。我相信只要跨出這一步，這項改變絕對能帶來極大助益。

弗洛拉：你是說假如我夠勇敢，就能解決癲癇的困擾嗎？

阿德勒：沒錯。

弗洛拉：好，我什麼都願意試。

【第二章】

母親的掌控

今晚我們要來評估羅伯（Robert）這名個案，他今年十一歲又八個月大。老師不確定羅伯是否智力發展不全。智力發展不全是個非常棘手、複雜的問題，診斷時也必須非常小心，因為患者是否能當個成功的人，關鍵很有可能就在於我們的判斷。

常理來說，正常的孩童在這個年齡應該要達到五年級的水準，不過病歷紀錄上卻寫：

「男孩在學校出現弱智、低能的行為表現。他目前就讀三年級，智商非常低，在班上相當安靜、溫順。他的動作一直以來都很慢，也很膽小怕羞，很晚才學會開口說話。」

個案智力低落的現象看起來相當嚴重，不過有時正常的孩子也會動作慢、膽子小，左撇子的小孩尤其如此。左撇子的小孩通常無法靈活運用雙手，經歷幾次挫敗後，孩子會變得過度謹慎，動作因此也會變得特別慢。很晚才學會說話這點確實令人起疑，因為我們知道這是低能孩童共有的問題。假如心智出現嚴重缺陷，他們甚至完全無法開口說話。不過，某一類嬌生慣養的孩子也要到很晚才能說話。在德文中，我們有一個特別的詞來形容這類孩童，不過英文卻沒有類似詞彙。雖然這些孩子沒聾也沒啞，但他們只能聽卻無法開口。在這種情況下，我們很難判斷孩子是否低能。畢竟等到某些個案長大後，我們才發現原來他們很聰明，有些甚至還變得能言善道。我就知道有些人一開始在說話方面有很大的障礙，長大後卻非常擅於運用語言，他們有些是歷史人物，有些目前還活著。針對此個案，我們必須從以下兩種模式中找出其中一種：要不是低能弱智，就是被寵壞。從某些方面來看，低能孩童與被寵壞的孩子，會發展出相同生命風格。羅伯有可能綜合兩種風格，我們或許會在判斷過程中面臨一些困難。

「孩子的父親是位矮小、肥胖、靦腆的男子，母親則極具魅力和吸引力。個案有兩位姐姐，年齡分別為十六歲和十四歲，除此之外家裡沒有其他孩子。父母感情融洽，不曾爭執、起口角，不過母親是家中的支配者。母親說父親比較偏愛長女，男孩則跟她比較親。」

我們能明顯看出，個案身為家中唯一的男孩與么子，確實是占了一點便宜。我很少看到在幸福美滿的婚姻中，有其中一方是家中的支配者，這或許跟陳述內容相牴觸。母親說男孩跟他比較親，這大概還有言外之意。她沒有說出口的話應該是：「我把他寵壞了。」

「比起其他家人，男孩更常提到母親。因為他動作慢又低能，家人都叫他『小子』，這個綽號相當不恰當。兩位姐姐都已經上高中，非常聰明。」

家裡只要有頭腦很好的小孩，另一個孩子通常就會陷入困境。聰明的孩子地位較優越，會使另一個孩子相形見絀，這種情形可能正好發生在個案身上。過度受寵的孩子容易感到沮喪氣餒，這可能也是羅伯面臨的障礙。不過這也讓我們燃起一線希望，因為比起低能的孩童，聰明的孩子更容易感到氣餒，同時我們也能認定個案在開始上學前更有勇氣。或許羅伯根本不是低能兒。

「進入學校就讀前，學生得通過競爭激烈的考試。大家都拿兩位姐姐的考試成績來與男孩比較。男孩現在的老師就曾勸阻這種做法。」

這完全印證我們的判斷。

「父親對男孩的態度算是負面。他認為男孩生來如此，而且永遠不會改變。母親說家裡的孩子從來沒被打過，還表示：『他是我們的獨子，發現他跟其他孩子不同，實在是一大打擊。』」

父親的消極心態令人沮喪，因為孩子時常會依照父親對他的看法發展。正因如此，我們有責任鼓勵這個孩子，讓他知道自己有正常發展的希望。羅伯在公立學校已經唸到三年級，這點讓我相信他絕對不是沒希望。

我們現在先試著將羅伯視為單純的問題兒童，暫時不去考量智力發展不全的狀況。我們發現他在家中的地位相當受限：一方面，他跟母親太過親密，太依賴母親的協助；

另一方面，他無法跟兩位更聰明的姐姐競爭。因為他勇氣不足，所以也不會打架或爭吵。據我們所知，他總是保持沉默。在這種情況下，我們幾乎無法預期孩子能夠好好發展。打個比方，假如在一塊狹小的土地上長了三棵樹，其中兩棵克服重重障礙，長得高大挺拔，第三棵根本就無法自在生長。這個道理也能套用在孩童的發展上。在個案家庭中，兩位姐姐已經占據所有可能的發展空間，男孩不得不將目標訂在比較低的層級，也就是停止繼續發展。如此一來，我們就能解釋他的整個發展模式。

「兩位女孩的互動非常友善。男孩更常談起大姐，大姐常帶他去散步或看電影。他說二姐時常戲弄他，為了反擊他也會嘲笑二姐。」

二姐跟男孩可說是情況的兩極。二姐活潑主動，帶有侵略性，雖然資料中關於她的紀錄並不多，但我們能肯定她努力想成為家中第一。反觀男孩，他遭受挫折、放棄努力，安然接受墊底的事實。男孩跟二姐互相取笑、捉弄對方的事實，顯示出他們之間的競爭關係。二姐十四歲，男孩將近十二歲，代表男孩出生時她大約兩歲半。弟弟出生讓她覺得自己的寶座被奪走了，而她對弟弟的攻擊成功奏效，使男孩未試圖競爭。

「家庭經濟狀況還不錯。母親負責管家，父親則管理一家當地的雜貨店，同時也持有雜貨店的股份。女孩都穿得很體面，並未在空閒時間打工。家中有五個房間、五張單人床，每個人各睡一張床。男孩睡覺時面向牆壁，有時身體會蜷曲起來。」

我對睡眠姿勢做過一些研究，發現光是觀察一個人晚上睡覺的樣子，就能從中得到很多線索。男孩的睡姿似乎是想表達：「我沒有勇氣，我什麼都不想看。」把身體蜷起來的時候，他則希望能消失，讓自己像刺蝟一樣縮成一團，不讓敵人發現自己的存在。

「父親跟男孩同睡一房，母親說她有時候得躺在男孩身邊，讓他靜下來直到入睡為止。」

第二點非常重要，這顯示男孩非常恐懼，膽怯害怕時需要母親的協助與陪伴。他不想像獨立個體那樣運作，因此藉由操控自己的行為，來讓母親不得不注意他。如果讓男孩處在沒有母親陪伴的情境中，例如在學校教室裡，男孩就會感到氣餒受挫。某種程度來說，他的態度就像睡姿：轉身背對一切，將眼睛閉上。這代表他不想面對任何問題。

「母親承認自己比較晚才跟兒子分開睡，兩位女兒跟她一起睡的時間沒這麼長。這對夫妻的家族源自義大利，不過他們不像傳統義大利家庭，丈夫並未過度干涉老婆或女兒的行為。母親說：『在家，我全權掌控一切。有時候老公會說我應該留在家裡，因為我太累了。他跟其他男人一樣不希望妻子出門，但他不會用這麼直接的方式表達。』」

母親的這番話，證明羅伯確實比姐姐享有更多特權，也印證我們原先的推斷。此外，父親並未輕視女性，也未試圖打壓掌控一切的老婆。

「男孩的身體紀錄與病史如下：生他的時候，母親的分娩陣痛期長達十二小時，醫生並未使用任何手術器具。生產過程出現一些困難，出生時男孩臉色發青，體重五千四百多克。」

有些人或許認為產程中的困難也很值得考量，但這項資訊並不是那麼重要。男童的頭或許特別大。出生時男嬰的頭比女嬰還大，這也是常有的現象。

「母親說男童出生時並不是個漂亮的嬰兒，皮膚是黃色的。兩個月大時，男童全身大起疹子，直到十五個月大之後才退去。他很早就能把頭抬起來，六個月大時就能坐著。第一顆牙在八個月大時長出，他也差不多在此時斷奶。餵男童吃飯並不容易，而在找到適合的奶粉之前，他也飽受腸胃炎之苦。九個月大時，男童開始吃固體食物。十五個月時，母親開始訓練他大小便，兩歲時他就能完全控制膀胱。小時候，爸媽就開始讓他服用少許魚肝油。孩子慢慢長大，母親雖然覺得哪裡怪怪的，但從來不曾說出口。男孩在兩歲時學會走路。」

只有在場幫忙接生的醫師，才能針對黃皮膚與初期的疹子提供確切資訊。假如男孩在兩歲前無法走路，那幼年時他可能患有小兒軟骨病。

「男孩靠動作和一點點聲音來表達與溝通，家人都能理解他想說什麼，最懂他的是母親。」

母親非常了解男孩動作的意涵，這點實在是很遺憾。既然說話不是必要的溝通手段，那他自然不會有想發展語言能力的渴望。

「男孩的聽力沒問題。醫生告訴母親不用太擔心，順其自然就好，因為有一天『他就會開竅了』。男孩在五歲時開始說話。他曾接受扁桃體與腺樣體切除術。他從來沒生過病，也不挑食。」

假如無理取鬧的要求都能得到滿足，小孩就有可能要到四歲後才開口說話，這種狀況並不罕見。另外，這類型的孩子也有可能對食物挑三揀四或尿床。既然這些狀況都沒出現在羅伯身上，我們能斷定他跟母親一直以來都維持非常良好的關係，以至於他不覺得有改善的必要。

「兩年前，他為了矯正近視開始戴眼鏡，他的近視度數約莫為零點三。他大概在一年半前學會自己穿衣服。因為他動作拖拖拉拉的，所以旁人時常得催他穿衣服，他還得花很長的時間才能確定該將哪隻鞋穿在哪隻腳上。他比同年齡的孩童都還高大，身高約一百五十二公分，體重四十五公斤。」

直到十歲才學會自己穿衣服，這顯示他以前真的被慣壞了。他不怎麼喜歡自己穿衣服，因為他希望母親能幫他穿。比同儕都還要高大，有可能是腦下垂體出問題的症狀，但也有可能只是代表母親讓他吃得很營養，把他養得非常健康。

「他用右手寫字，但用左手做其他事。」

這點非常重要，由此我們能確定羅伯天生是左撇子。生在右撇子世界的他，在適應上必須面對許多困難，也被這些問題搞得非常氣餒。

「男孩跟母親與大姐比較親近，幾乎不曾提起父親。」

花絕大多數時間跟母親膩在一起，父親完全比不上母親，這種現象在被寵壞的孩子身上相當普遍。父親確實鑄下大錯，對男孩抱持消極的態度尤其不應該。我確定大姐能夠贏得羅伯的心與信任，但對他來說，跟父親和解則是更艱難的課題。只要母親在場，男孩總會跑去找她。父親應該帶孩子出門旅行，與他共度美好的父子時光，跟他變成「好兄弟」。到某個時間點，他也應該向羅伯坦承自己對他的智商的看法是錯的。讓男孩與父親和解，這就是治療與輔導的起點。

「母親常請他跑腿辦事，他很喜歡幫忙，也喜歡談論這些事。如果她想請羅伯去商店買兩樣以上的物品，就得將品項寫在紙條上。羅伯的老師開始記錄這份病歷之後，店鋪老闆就建議母親不要寫紙條給羅伯，他顯然也有進步。」

我們根本不能期待不習慣單獨行動的孩子，被派去跑腿買東西時能記住兩項以上的物品。不過店老闆了解男孩，對情況也有很精闢的見解。其實不少非專業人士都有這種領悟力。大家注意到羅伯進步了，這確實是個很好的指標，顯示他的困境確實有改善的可能。這也讓我們相信絕大多數的嚴重錯誤，其實都有辦法導正。

「有時候母親會注意到男孩在跟想像中的孩童說話，而且替那位男童回答問題。他說話的對象通常是男孩。跟男童對話時，羅伯口齒伶俐，語調粗魯，就像街上沒人管的野孩子一樣。他的臉部表情會變得很生動，看起來像是在與對方爭執。」

許多孩子會玩這種跟假想中的孩童說話的遊戲。有趣的是，羅伯這麼長時間無法開口，現在開始訓練自己說話，不僅替自己發聲，還幫想像中的男孩回答問題。羅伯甚至有可能發展成作家或劇作家。左撇子的孩童通常都會往藝術方面發展。從他的遊戲以及和姐姐爭執的事實來看，能推斷他渴望有個男孩陪。他或許已經對女性產生某種恐懼感，而且也高估她們的力量。在母親處於支配角色的情況下，他更有可能陷入這種處境。他的想像顯然非常生動活潑，對於膽小羞怯的孩童來說，這種現象相當普遍。在白日夢中，當個雄偉、勇氣十足的英雄並不難。羅伯實際上是個膽小鬼，但這個事實令他受傷，因此在想像中他認為自己是一名征服者。我們的任務，是讓他知道如何在現實世界中懷抱勇氣。

「他不跟街上的男孩玩耍。他說：『他們的玩法跟我不一樣，他們常常打來打去，我又不喜歡打架。』有時他會開始一陣陣地笑，母親害怕這種笑聲。有時他的笑聲比較響亮，接著又幾乎聽不見。」

他不跟街上的男孩玩，因為他膽小，而母親害怕的笑聲，則是用來弱化她的支配的手段。要是她不願遷就於他，或對他不夠溺愛，笑聲可能會最為猖狂。

「睡覺時，他偶爾會坐在床上，自言自語說著許多事，接著又安靜躺下，在無人介入的情況下睡去。」

許多小孩為了讓母親到身邊，會在夜裡尖叫。只要稍微給母親一點暗示，羅伯就滿足了。

「他試著在學校交朋友，但很容易就感到灰心沮喪。同學並不會躲他也不會辱罵他。雖然有許多老師帶過他，但他只記得其中兩位的名字。」

嬌生慣養的小孩如果在交友上遇到困難，很快就會放棄了。至於他對老師姓名的記憶，他之所以不記得老師叫什麼，其實是因為他不喜歡這些老師。這不代表他記憶力差，而是他想將這些老師忘掉。

「直到最近，他才開始在學校裡跟身邊的同學說話。他在六歲時入學，在1A班待了兩個學期、1B班待了三個學期，到了二年級，他在2A班讀了兩個學期，2B班也唸兩個學期。後來在3A班讀了一學期、3B班兩學期，現在是第二次待在3B班。」

他不和其他孩童交談這點，再次顯示我們的患者非常孤立。不過他現在開始進步了。幸好他六歲就開始上學，而不是更晚才入學。一直留級重讀的循環根本無法激勵羅伯，也難怪他對上學興趣缺缺。我們的義務是讓他重獲希望。雖然他的課業表現並不出色，但我們能讓他拿到一點好成績，這是讓他重振信心的辦法之一。這個策略聽起來不怎麼妥當，實際上並不然。給他低分，使他心生挫折，這種做法一點意義也沒有。我的建議是，在他的課業表現有所改善之前，不要替他打分數。派給他比較簡單的任務，或是老師認為他能夠完成的習題，這個做法或許值得參考。老師應該要找出他特別感興趣的事物，鼓勵他往該領域發展。老師的任務是讓羅伯知道，其實他也能成為一位有價值的學生。我知道這在公立學校不易實行，有些人可能會持反對意見，說其他學生會認為老師偏袒羅伯。就我看來，整個班級必須營造出一種氛圍，讓全班成為老師輔導羅伯的助力。假如其他同學也能合作幫忙，羅伯的情況就能有所改善。

「他的字跡大概跟七年級的孩童一樣。」

他在這個領域超前同儕。他的雙手經過許多訓練，這種優勢是為了補償身為左撇子的缺陷。不過，雖然男孩成功克服這項障礙，他還是感到沮喪。許多個體都會將注意力擺在缺陷上，受缺陷所影響，很少會因為成功而振奮。在膽小害羞的孩童的行為模式中，失敗的影響力通常遠大過於成功。

「他的繪畫能力很差。」

雖然個案紀錄這麼說，但我相信只要勾起他對繪畫或設計的興趣，他絕對能發展出非常優秀的能力，這也能補足他在近視方面的短處。老師說羅伯在學校會戴眼鏡，不過他或許還沒好好訓練雙眼，因為他不喜歡戴眼鏡。

「他的閱讀能力落後一大截。」

大家都曉得有些左撇子孩童的閱讀速度比較慢，因為他們傾向將單字的字母排列倒過來讀。或許羅伯就是這一類的左撇子。我的學生愛麗絲．弗里曼（Alice Friedman）醫師發現，左撇子孩童在閱讀時，都會把字母扭轉、左右反過來讀。對右撇子來說，從左往右邊讀是非常正常的，但是對左撇子來說，從右往左讀比較輕鬆，而左撇子的心靈充斥著這種原始天性。假如沒有人發現孩子是左撇子，他在學校遭到失敗打擊之後，就會對學習失去興趣，因為他的閱讀能力根本無法與右撇子匹敵。羅伯在閱讀與繪畫方面遭遇的挫折，都被投射在他必須面對的所有問題上，難怪他會停滯不前。假如我們發現羅伯在閱讀方面的障礙，其實是來自左撇子的習性，勢必就得糾正他的訓練。

我們能從一些跡象來判斷。如果拼字時將字母扭轉、畫動物時由右往左畫，或者雙手交握時將左手大拇指放在上方，那他就有可能是左撇子。

「他在拼字的時候通常有三種可能，第一是他知道如何正確把字拼出來，再來是他認識這個字，但是會把兩個字母顛倒過來。最後一種可能是他不曉得字怎麼拼，而且幾乎都會把e當成開頭字母。老師認為後兩種可能跟他是左撇子有關。」

我認為這單純是顯示出他的絕望，他不曉得該怎麼繼續[7]。

「一九二六年三月，羅伯接受未分級班級督學的考核，當時他八歲大，心智年齡只有四歲六個月。」

由此來看，就能輕鬆發現難怪他們會懷疑羅伯智力發展不全。但智力測驗的結果並不是絕對的，診斷也不能就此打住。我們知道過度受到保護和寵愛的孩子，對於自己在

7 原編者註：很多單字都以e結尾，而個案孩童習慣在拼字時先寫最後一個字母，因此我們能合理判斷這是推論羅伯為左撇子的重要指標。

學校的挫敗太過害怕，因此無法專心接受測驗，測驗結果也不可靠。除了心智發展不全的孩童外，被寵壞的小孩也有可能出現智商低的現象。唯有在與其他診斷結果相吻合的情況下，心理測驗才有價值。不過在我們的個案中，男孩之所以失敗，是因為他希望能仰賴母親的協助，同時也是來自內心深切的挫敗感。

「根據史丹佛—比奈智力量表（Stanford-Binet Test），羅伯的智商為五十二，基準年齡[8]為三歲，上限年齡為七歲。從哈格提閱讀測驗（Haggerty Reading Test）的結果來看，他的閱讀能力等同於1A程度的孩童。從伍迪—麥凱混合基本測驗（Woody-McCall Mixed Fundamental Test）來看，他的計算能力也跟1A程度的孩童相仿。男孩非常討喜、迷人，測驗時配合度很高。」

最後一句話更讓我們確定他是個備受寵愛的孩子，也顯示他夠聰明，知道要好好發揮自己的魅力。

「他反應速度快，注意力也很集中。說話的時候，他習慣重複最後一個字，但現在教他的這位老師沒注意到這點。」

8 譯註：基準年齡就是受測兒童能完全答對該組題目的年齡組，後面提到的上限年齡，則是所有題目都答錯的年齡組。

重複字詞是不確定的跡象，顯示他試圖透過猶豫和結巴來爭取時間。現任老師之所以沒發現，很有可能是因為她不太會逼羅伯，而羅伯也不怕她。

「男孩嚴重低能，無法辨別顏色與形狀（這次他沒戴眼鏡）。」他的眼睛無疑有器質性缺陷，他還有可能是色盲。他沒辦法辨別形狀，顯示他缺乏適切的訓練。

「他對數字的記憶力等同於四歲大的小孩，對思想的記憶跟三歲大的孩子沒兩樣。」這些訊息讀起來似乎令人沮喪，但我們知道聰明的成年人，在極大的壓力之下也無法計算數字。羅伯接受測驗時的情緒與態度，是判斷測驗結果有多準確的重要依據。

「有人曾建議將他送到不分級的班上去，但母親不同意，所以他就跟其他孩童被安置在進度較慢的班上。他說自己不做夢。」如果他不做夢，代表他對現況百分之百滿意，顯示他已經達成目標，欲望都徹底被滿足，完全沒有任何問題。他在家和在學校都獲得安全感，不需要再掙扎奮鬥。

「他起先說自己不記得任何童年的事，後來又說：『有個小女孩曾經讓我騎她的腳踏車。』這其實是最近的事，但他講的好像很久以前發生似的。」這段記憶與他的行為模式相符：他希望所有人都當他的奴僕。

「抱負：他曾經一度希望自己夠成熟，能成熟到可以獨立拼寫。還有一次他想幫父親的店舖掃地。」

假如他是在不受他人影響下表達出第一項抱負，這算是不錯的徵兆，代表他知道自己有哪些缺陷，期望未來能加以克服。第二個抱負顯示他希望父親喜歡他。

「另一項心願則是希望能長得夠大，大到能在街上玩。他不想工作賺錢。基於這些願望，他選擇長大、變強壯，好好學習課業。前兩項心願是他自動自發說出口的。」

從不想工作的願望看來，我們再次讀出他沮喪氣餒的心態。至於其他野心，我相信前兩項是每個男孩的願望，這在美國尤其顯著，因為運動在這裡扮演非常重要的角色。他希望能好好學習、提升課業表現，這就顯示出問題所在。

「要他選擇是要待在家看書，還是出外到街上去，他選擇後者。老師認為這位家中的么兒，內心感到沮喪氣餒，個子大導致行動顯得笨拙，還有左撇子的天性，這都讓他感到綁手綁腳。有人曾建議父母讓男孩負擔一些責任，留意哪些活動對男孩而言有幫助，也不要在他面前稱讚兩位姐姐。老師也在班上派給他一些責任，像是分發紙張和幫忙讓教室空氣流通。他很快就留意到這些信號。一開始，他對自己拿到的紙張數量沒什麼概念，後來就有明顯進步。」

老師已經選擇用最棒的方式來協助羅伯了，我沒辦法提出更好的建議。我想向羅伯解釋，他過去的教育過程出了一些錯誤。我想鼓勵他，讓他相信自己能達到跟姐姐一樣的水平，並向他解釋他至今之所以未成功，是因為太依賴母親、對自己失去信心所致。就算情況無法立即改善，我們還是得向他保證他一定辦得到。以學習游泳為例：剛開始所有動作肯定都是錯的，不然大家第一次下水就立刻能游了。剛開始絕對游不起來，但最後還是能學會。我們必須用羅伯能理解的方式來表達，讓他理解我們的主張。

羅伯也得知道他必須跟玩伴有更多、更良好的互動。我應該讓他在放學後加入某個團體或俱樂部，這樣他就能更常跟陌生人相處，而不是黏在母親身邊。我們必須解釋他在閱讀方面的特殊障礙，重新教他用正確的方法閱讀。如果能將他從絕望的心態中拉出來，他絕對能進步。病歷的最後幾點顯示他已經朝對的方向發展了，我相信老師也會注意到他的進展。此外，我們也得跟母親談一談，告訴她羅伯是個聰明的孩子，但只有讓他學會獨立，她才有辦法體會到原來兒子這麼聰明。從這名個案面對的困難來看，就能清楚看出為何多數問題兒童都是被寵壞的孩子。

個案會議

母親進入教室。

阿德勒：我們想跟你談談羅伯。我們認為他是個聰明的孩子，他之所以會有這些困難與障礙，主要是因為只要你在他身邊幫忙解決問題，他就不覺得有獨立行動的必要。你有辦法改變現況。你必須讓他更獨立，讓他與陌生的孩子相處，更常跟同伴玩在一起。讓他在空閒時間加入俱樂部或遊戲團體。跟你長時間相處對羅伯來說不是好事。因為他知道如何影響你，也曉得你會做出何種反應。我們也認為羅伯是左撇子，這就是許多問題的成因，對閱讀和拼字來說更是一大障礙。如果能給予正確的指導，他就能跟同學一樣學會閱讀跟拼寫，不過他目前對此感到氣餒、拒絕繼續進步，因為先前有過太多次失敗的經驗了。你應該要讓他自己洗澡、穿衣服，如果他犯錯也不要嘮叨碎念。讓孩子跟父親的關係更親近，這個方法很值得一試。你應該請先生給羅伯機會。讓他帶羅伯出外旅行幾天，把羅伯當成好兄弟、好夥伴，這應該會有很大的幫助。要用非常明確、清楚的方式，讓羅伯知道父親相信他會成功。我個人認為他是個正常的小孩，如果你同意的話，我現在想跟他聊一聊，試試看能不能讓他變得更獨立。

母親：我知道他一定會很害怕，我自己也很怕，因為沒想到要面對這群學生。

羅伯被請進教室。走進教室時，他母親說：「過來這邊，小子。」他直接走向母親，雙手環抱著她。

阿德勒：媽媽需要你保護嗎？我不覺得她會倒下去，她應該能自己站起來。你想一天到晚讓媽媽幫忙，還是當個成熟的大人？

羅伯：我想當大人。

阿德勒：你喜歡一個人做事情，還是喜歡別人幫你做事？

羅伯：我想要媽媽幫我做事。

阿德勒：喜歡媽媽是很棒的事，但你不能期待什麼事都讓媽媽來做。如果你能自己完成更多事，就會變得更快樂。你一定要開始自己完成一些工作。其他小孩很早就開始了。就是因為你比較晚開始，現在才會碰到這些困難。自己刷牙、洗澡、穿衣服，如果你現在開始什麼事都自己做，就會有所成長。不要讓媽媽插手幫忙。如果什麼事都能自己完成，這樣不是更好嗎？你會游泳嗎？

羅伯：會。

阿德勒：剛開始學游泳很困難，還記得嗎？我相信你一定是學了好一陣子，才能像現在游得這麼好。不管做什麼事，一開始都不輕鬆，但過一陣子之後就能成功。假如你連游泳都學得會，那閱讀跟算數絕對難不倒你，但你一定要持續練習，要有耐心，也不能一直期待媽媽在旁邊幫忙。我相信你一定辦得到。不要因為別人做得比較好就開始擔心。老師說你最近有進步，這真的很棒。你想不想跟一些朋友玩在一起？想不想加入俱樂部？

羅伯：聽起來很棒。

阿德勒：我們會幫你找一個活潑有趣的俱樂部，在那裡跟其他小孩玩跟聊天，讓大家看看你有多獨立。還有，如果你能跟爸爸一起出門旅遊，我覺得也很棒。

羅伯與母親離開教室。

課堂討論

學生：我們應該要教左撇子用右手寫字嗎？

阿德勒：我覺得這是件好事，原因有二。第一，整個人類文化都是右撇子。再來，如果個體一直用左手寫字，他就會特別引人注目，也容易認為自己跟別人不同或比不上別人。你們肯定讀過一些貶低左撇子的統計資料，不過我的數據顯示，許多左撇子很有藝術天分，而且軟弱無力的右手經過訓練後，他們的才華更是不得了。有些迷信的人認為，假如訓練左撇子的小孩使用右手，他講話就會結結巴巴。不要相信這種迷思。如果訓練不當，使小孩受到責備或羞辱，那他當然有可能因為適應不良而講話結巴。老師應該要知道小孩天生是左撇子還是右撇子，我覺得這很重要。假如在不知道孩子是左撇子的情況下，讓小孩在困難之中努力學習，這種錯誤和誤解可是會影響小孩長達數年。

學生：假如個案是十歲大的男孩，準備唸初中，兩隻手都能用、發展早熟，你會怎麼處理？只要試著用右手寫字，他就會開始緊張，會哭著說不想用右手寫字。

阿德勒：那是因為訓練方式錯誤。

學生：他鋼琴彈得非常好。

阿德勒：你可以利用他對鋼琴的興趣，來訓練他的右手。應該要請一位跟孩童沒有利害關係的人來說明，單純以科學角度來跟男孩解釋。你也知道，在彈鋼琴的過程中，他就能同時活動雙手。

學生：你會建議讓左撇子孩童接受體能訓練嗎？

阿德勒：當然，絕對建議。許多左撇子的球類運動員或職業拳擊手也會訓練自己，讓右手動作比左手更敏捷。願意努力的人一定能成功，對於藝術界的左撇子來說，這個道理尤其適用。不過，讓我們把話題拉回個案身上。我們知道羅伯最大的問題在於學校課業。你們還記得他剛才進教室的時候，馬上抱住母親的樣子嗎？這是他整個人生的特徵，他想要母親在身邊扶持他。如果他遵照我們的指導，你們會發現他絕對能在短時間內進步。

學生：在各種情況下，你會建議對這種孩童進行體罰嗎？

阿德勒：你們應該要知道，我這個人是完全反對各種形式的體罰。我使用的輔導方法，是了解童年初期的情形，向病患解釋並說服他們改變行為模式。毆打這種小孩究竟能帶來哪些成效？就算孩童的課業表現不佳，我們也沒理由打他。小孩之所以有閱讀障礙，是因為未接受適當的訓練，毆打並不會提升訓練的效用。體罰的唯一結局，就是小孩會接受因為失敗而被打的事實，最後靠逃學、翹課來閃避這種不愉快的局面。以小孩的角度來看待體罰，就會發現體罰只會增加輔導難度。順帶一提，我只能說只有那些手足無措，不知道該拿孩子怎麼辦的人，才會去打小孩。

原編者筆記

經過阿德勒的課堂會議後，編者替羅伯進行連續幾個月的治療與輔導。經過詳盡的檢查後，我們發現男孩患有嚴重的變形符號型失讀症（dyslexia strephosymbolia），這是左撇子孩童特有的閱讀障礙。他左半邊的肢體比較健壯，在各種本能反應和早期形成的動作反應上，他也比較偏好使用左手，這都清楚顯示他天生是左撇子。孩童對文字的內部結構完全沒概念，會扭轉單字裡的字母，算術時也分不清加號跟乘號。他對字母系統中每個字母發音之間的關聯也毫無概念。利用編者開發的動覺型方法教羅伯閱讀後，過了兩個月，他的閱讀能力已經遠超過原本的年級程度了。我們費盡千辛萬苦，才說服母親讓男孩自己一個人來接受諮商，但她自始至終都不同意讓他參加男孩營隊。雖然個案大幅進步，但他有可能會永遠感到羞怯、退縮，無法徹底獨立。他之所以會如此，並不是因為天生有什麼缺陷，而是源自母親在情感上的依戀與執著。

【第三章】犯罪之路

今晚探討的個案是八歲大的男孩。病歷紀錄第一段寫：

「卡爾・T（Carl T.），八歲兩個月大，就讀二年級B班，智商九十八，目前的問題是會對家人、老師跟其他男孩說謊。他偷過東西，五歲大之後就開始說謊、偷竊。這些問題以前沒發生過。」

既然卡爾的平均智商是九十八，我們就能確定他沒有智力發展不全。說謊顯示他是個軟弱、沒安全感的孩子。聽到孩子說謊時，我們最好能在第一時間分辨他的謊是屬於自誇型的謊，還是是因為周遭有他害怕的人才說謊。或許孩子是希望能逃避處罰、責罵或羞辱才說謊。

陳述指出卡爾在五歲後開始說謊跟偷竊，但先前並不是問題兒童。假如這項觀察是正確的，我們能推斷孩子的人生在五歲時出現危機。他或許開始出現自卑情結，比起關心別人，他還比較在意自己。偷東西的行為，代表他感到被羞辱，試圖以無謂的方式來提升自尊。

「母親私下跟孩子的老師說，她跟孩子的生父從來就沒有婚姻關係。她的母親在她年紀很小時就過世了，十六歲時她被父親的朋友誘姦，之後就再也沒見過對方，對方也不曉得她生了一個小孩。」

非婚生的子女通常難以培養社會情懷。對於主流文化來說，未婚生子被視為恥辱，而在這種背景之下成長的孩童，必須不斷抵擋他人的攻擊與批評。卡爾是在這種艱困的情況下長大的。有很大一部分的非婚生子女長大後會成為罪犯、酒鬼、性變態等，因為他們過去遭受許多阻礙，受到不正當的行為模式吸引，這些不正當的行為模式似乎能讓他們更快感到快樂。此個案沒有父親，少了另一個正常發展社會意識感的機會。

「孩子五歲大時，母親結了婚。繼父自己也有一個女兒，她大卡爾兩歲。」

卡爾的問題在他五歲時出現，也就是他母親結婚的時候。他或許覺得母親結婚之後，唯一與自己進行適當社會接觸的人被搶走了，奪走他母親的人就是繼父。我們能推斷卡爾得到這番結論：「沒有人關心、在意我。」家中多了個姐姐，也讓整個情況更棘手，因為他母親可能也得照顧這名繼女。女孩或許發展健全，深受父親疼愛，也是個表現良好的孩子，這一切都讓卡爾的情況更艱難。畢竟他才五歲大，而且早年經歷也使他無法培養充分的勇氣與力量，來面對新的家庭狀況，因此他成了問題兒童。

「後來家中又多了兩個孩子，妹妹兩歲半，弟弟一歲半。」

這兩個小孩使卡爾在家中的空間更狹窄。他很有可能已經發展出一種行為模式，在這套模式中，他相信父母比較偏愛其他小孩。

「兩歲前他都跟母親住。後來母親到托兒所上班，他就到康乃狄克州（Connecticut）的一所托兒農場住了三個月。他在那裡並不快樂，回家的時候整個人飽受驚嚇，看到人就跑開躲起來。」

跟母親待在一起的那兩年，他大概只對母親感興趣。他在農場生活的那段經驗，顯然無益於發展他那微不足道的社會意識感。

「他跟母親一起住了六個月，後來她又去幫一位醫生帶孩子。卡爾寄宿在附近的一戶人家中，母親每天都會去看他。他在那裡很開心，一直待到五歲時母親結婚為止。父母兩人都是救世軍（Salvation Army）的成員，父親在裡頭的樂團擔任樂手。」

只有在母親身邊卡爾才會快樂。從父母的職業來看，他們家應該很拮据。

「第一次和老師面談時，母親哭了，她說：『我不曉得該拿卡爾怎麼辦。』」

我們都知道，假如父母對孩子失去信心，對孩子來說不是件好事。這麼一來，小孩就有理由放棄所有對自己的希望。孩子徹底絕望時，僅存的社會情懷也會因而消逝。

「他不乖的時候，父親會拿磨刀皮帶打他。他固定會去週日的主日學校，上禮拜到了另一所新的主日學校。爸媽給他十五分美金，十分是車資，五分則是要捐給主日學校的。他出門後，母親擔心他搭錯電車，就跑到街口轉角找他。結果母親看到他從糖果店走出來，已經花了十分買糖果。」

這些資訊非常重要。我們剛才假設他身邊有位非常嚴厲、苛刻的人，而這些資訊已經透露出這個人是誰。對一位認為自己遭到歧視的孩子來說，糖果店是簡單的補償。這種小孩沒辦法找出太多補償方式，糖果店是最常見的選擇。

「他最近到學校的時候，都會帶一盒糖果給老師。」

從他試圖收買老師、討老師歡心的行為來看，我們能推斷他曾經是個被寵壞的小孩，而且也記得被疼愛、被縱容時的歡愉。

「他手上有四塊半美金，說這是媽媽的錢，是他從糖果店那邊拿到的零錢。老師將錢放進信封，替他保管到放學才還給他。把信封交給卡爾時，老師一再強調務必將錢還給媽媽。卡爾在下午一點回到學校時，老師問他有沒有把錢還給媽媽，他回答說『有』。」

沒有任何一個小孩會在這種狀況下說沒有。我們不能期望小孩會承認自己偷竊。

「不久之後，老師發現班上很多同學都從卡爾那邊拿到新的玩具，有些人還拿到錢。」

他試圖收買老師跟同學的行為，讓我們不得不下此結論：他覺得自己缺乏關愛跟賞識。他行為不端，是個問題兒童，而且被當成遭到拋棄與排擠的人對待，這些都不令人意外，但我們必須體認到，對卡爾來說這都印證他人生的核心命題：「其他人得到比較多疼愛。」

「老師說他的母親被請到學校。針對錢的來歷撒了許多謊之後，卡爾最後坦承自己是在一位阿姨到家裡拜訪時偷拿的。」

碰到這種狀況，老師在調查時必須很有技巧。先找母親來談一談，不讓其他小孩知道卡爾行竊的事實，這個策略很有智慧。

「兩歲以前，卡爾是個正常、健康的小孩。兩歲過後他就顯得有些脆弱。他每天會要求離開教室好幾次。母親帶他去找醫師檢查，但目前為止都沒有腎臟方面的問題。他經常在學校手淫。」

這些事實再次顯示卡爾希望能在班上得到老師的注意。收買老師跟同學不管用，他就開始手淫。

「出生之後，他每天晚上都尿床。」

假如這個資訊屬實，我們就能確定母親並未善盡職責，沒有好好教卡爾保持乾淨整潔。

「尿床的處罰是不准吃甜點，但這個策略一點用也沒有。他有六個月都沒吃甜點。爸媽答應他，如果他連續一個禮拜不尿床，就能拿到二十五分美金，但他還是每晚尿床。」

假如他的行為模式的目的，是獲得母親的注意，那這些辦法都不可能讓他停止尿床，畢竟尿床是對抗母親的重要利器。他怎麼能不尿床？卡爾的目的是獲得無謂的優越感：成為注意力的焦點。他必須遵照這項模式，假如某個方法行不通，他會更努力靠其他方式來博取注意力。不讓卡爾吃甜點，只會加強他對糖果的渴望。母親用強迫的方式來阻止卡爾尿床，其實只會讓他覺得更丟臉、更羞辱。卡爾已經不抱希望，不覺得自己能從家人身上獲得正當的賞識，但他還是知道如何成為大家關注的對象。

「他曾經得過流行性腮腺炎（mumps），先前百日咳的情況也很嚴重。兩年前他的胃出問題，嚴格控管飲食長達一年，此後就再也沒有其他困擾。」

小孩的胃病嚴重到要節食一年，這種情況並不尋常。禁食甜點使控制飲食的狀況雪上加霜，他的境況實在非常值得觀察。

「他最早的記憶，是兩歲時將母親的成套梳妝用具丟到窗外。街上的男孩把東西撿回家。『因為年紀太小，所以我沒被處罰。』」

管教不當的小孩，在覺得大人不夠縱容自己的時候，將物品往窗外丟，這種現象並不少見。在另一個我所知的案例中，男孩有個小他幾歲的妹妹，他也會把家中所有伸手可及的物品都丟出窗外。他因為這種不當行為遭到處罰，最後發展出焦慮精神官能症

（anxiety neurosis）。這種焦慮精神官能症的核心，是他害怕自己會把東西扔出窗外，因此整天哭個不停。男孩找到另一種方法，利用這種誇大的恐懼來吸引注意力，再次成為調皮、撒野的孩子。

處罰這種孩童，只會讓他的狀況越來越嚴重，因為他並未真正了解自己的處境。假如問他在家中是不是被忽視或歧視，他通常會說：「沒有。」但觀察之下，就會發現他的舉動跟行為彷彿是在訴說：「注意看我，看更仔細一點。」說謊、手淫、偷竊跟尿床，這都是孩童在潛意識中使用的手段，因為他想獲得大家的關注，害怕被忽略。

卡爾最早的記憶與處罰相關，這點也非常值得留意。他似乎是想說自己曾經能免於受罰，但現在如果有相同的行為就會被責罰。我們也知道有些孩子真的不反對被打。毆打他們的時候，他們只對自己說：「下次一定要更精明狡猾，不被別人發現。」這簡直是讓孩子未來成為罪犯的最佳訓練。我們擔心這種現象正發生在眼前的個案身上。

「他的抱負是當醫生。他的大姐之後會成為護理師，他想跟她在同一家醫院上班。」

他真正的野心是付出最少的努力，同時又想贏過所有人。而當醫生的夢想，則是他讓抱負具體化的方式。由於他之前體弱多病，吃了不少苦，加上他母親之前也曾在醫院工作，我們能想像對卡爾來說，醫生簡直就是神一般的存在。不僅如此，他希望自己至少能跟大姐平起平坐，而且也早就知道在醫院中，醫生的地位比護理師還高。這就是次子努力奮鬥想超越長子的典型案例。這是個非常簡單、再尋常不過的個案，但卡爾一路以來的準備工作特別差。卡爾目前顯然處於守備狀態，我們必須透過輔導治療，來讓他覺得自己跟兄弟姐妹是平等的，覺得自己未被家人貶低。為了達成此目標，我們能告訴他其實好好表現、守規矩，比起胡鬧搗蛋更能提升他在家中的重要性與意義。

父親必須學習與孩子培養良善、友好的關係，而不是用磨刀皮帶來責罰他。我相信在救世軍工作的父親聽得進這番忠告，也認為母親能被引導到對的方向。當然，輔導與治療的難度相當高，如果嘗試過後發現無法讓卡爾的家庭氣氛比現在更愉快，母親灰心喪志、父親嚴厲苛刻，爸媽也比較偏愛大姐跟弟妹，那卡爾或許得被轉送到比較適宜的環境中。

我們必須向母親解釋，在哪些情況下卡爾可能會覺得自己被忽視。孩子通常是因為不了解自己的處境而犯錯。母親是具有重要影響力的家庭成員，因為她比較能輕易讓卡爾覺得自己受到重視。我們必須指導卡爾結交朋友，告訴他如果能對別人真心感興趣、忠誠對待他人，其實是不需要靠收買來贏得別人的心的。透過這個案例，我們能清楚掌握罪犯是在哪一種家庭環境下養成的。直到犯了搶案才將男孩視為罪犯，這種做法一點意義也沒有，現在就該介入輔導。

個案會議

學生：你覺得父親在宗教方面的訓練與實踐，是否也影響孩童，使他往反方向發展？救世軍的成員非常嚴苛，每天晚上都會要求孩童苦修，替自己在白天犯的錯贖罪。

阿德勒：除了我剛才描述的原因之外，我不認為還有其他原因導致男孩養成這些行為。讀病歷紀錄的時候，要小心不要過度解讀，衍伸出陳述中沒有提到的事實。如果我聽說男孩生活在某種宗教權威概念的壓力之下，或許也會考量你的論點，不過病歷陳述沒有提到這類壓力。假如換個角度來看，你的詮釋或許滿有參考價值的。如果卡爾徹底變成一個叛逆的孩童，他有可能會攻擊父母最脆弱的弱點，換言之就是他們的宗教信仰。最近，有位傑出的德國社會學家發表相當有趣的統計數據，他發現有相當比例的罪犯是來自執法人員家庭。大家始終無法解釋為何法官、律師跟教師的孩子通常是罪犯。對我來說，唯一的解釋就是我剛才提到的重點：好鬥的孩子會攻擊父母最大的弱點。這或許就說明為什麼醫生的家人會患有各種疾病。

我們讓人將卡爾的母親請進教室，但她不願意進來。

阿德勒：母親猶豫不決的態度顯示她缺乏勇氣。或許她覺得公開談論兒子的不當行為很令人羞愧。或許她是因為正在哭，所以不願進教室。我們會盡一切努力安撫她、鼓勵她。你們可能有人會好奇，為什麼我不到外面找她。我知道她應該也會期待我到外頭去找她，但我應該在教室裡等，因為我想她大概會覺得我們興致高昂，迫不及待想了解她兒子的狀況。我只想靜靜跟她討論卡爾的不當行為，把這當成是稀鬆平常、容易改正的問題。

母親走進教室。

阿德勒：雖然許多家庭跟老師可能會認為卡爾的行為是悲劇，但我不覺得他的過錯有什麼大不了的。孩子不可能永遠走在正確的路上。有一次我走進一間教室，對全班問：「這裡有誰從來沒偷過東西？」我發現每個孩子都有偷竊的經驗，連老師也承認自己偷過東西。所以，我們沒必要把偷竊當成天大的罪孽。小孩在覺得母親對自己絕望的時候會感到氣餒，在這種情況下他尤其可能會有偷竊的行為。如果你能試著贏得卡爾的信任、鼓勵他，讓他相信你對他的未來充滿希望，這樣情況會有所改善。他都是怎麼跟家裡其他小孩相處互動？

母親：他看起來很喜歡他們。

阿德勒：他有時候會嫉妒他們嗎？

母親：他有個繼姐，我想他們是有一點互相嫉妒。

阿德勒：繼姐是個發展良好、聰明、討喜的女孩嗎？

母親：沒錯。

阿德勒：我常發現如果家裡有個孩子的進展幅度很大，另一個小孩就會害怕競爭。這種情形很難避免，所以我建議你讓兩個孩子和解、和諧相處。我認為你兒子覺得自己不被愛。他之所以會說謊跟出現其他不當行為，是因為他現在不快樂。讓他覺得自己會被原諒，讓他知道你理解他嫉妒和自卑的原因。只要給予鼓勵，他就能在學校表現得更好。假如能跟繼姐和解，不管在哪他都會是個好孩子。卡爾很依賴你嗎？

母親：對。

阿德勒：他也這麼依賴父親嗎？

母親：他常常會想到父親，但看起來跟他沒有很親近。

阿德勒：你覺得有可能請他再給卡爾一次機會嗎？讓他們偶爾一起出門散散步、聊聊大自然跟這個世界。你先生會有時間嗎？

母親：可以，我想他應該會答應。

阿德勒：累積許多輔導這類孩童的經驗之後，我相信只要他覺得自己跟其他孩子一樣受到疼愛，行為就能有非常顯著的改善。從他目前的行為模式來看，他對自己沒自信，不認為自己能跟姐姐一樣有良好的發展，只要讓他知道如何獲得你的認可和讚許，就能導正這種錯誤的思維。如果他犯了錯，我不會像你之前那樣處罰他。我想現在你一定也了解，其實打他或禁止他吃甜點一點用也沒有。假如他又偷竊或說謊，問他：「你覺得自己又受到不公平對待了嗎？告訴我你想要什麼。」這種對話能讓卡爾留下非常深刻的感受，而且透過這種方式，我想你也能幫助他不在半夜尿床。就我的經驗來看，小孩尿床是因為他們希望有人來照顧、關懷他們。你知道嗎？如果你得在半夜起床應付他的需求，他就會覺得你在照顧他，就像嬰兒時期被你疼愛、關照那樣。他怕黑嗎？

母親：他看起來沒有特別怕任何東西。

阿德勒：我們的推論應該是正確的。他之所以行為不端，是因為徹底感到絕望，覺得自己沒辦法跟姐姐爭取父母的關愛。你想讓我試著鼓勵卡爾嗎？

母親：好。

母親離開教室。

阿德勒：我們找到正確的線索了，卡爾嫉妒繼姐。我認為我們應該能讓他走出這個不愉快的情境。

男孩走進教室。

阿德勒：我知道你在學校是個好學生。如果你更專心用功，老師跟朋友都會喜歡你。假如能努力學習，你在學校的表現一定不輸姐姐。你想要跟姐姐一樣厲害嗎？

卡爾：想。

阿德勒：他們跟我說你想當醫生，這個工作很棒。我也是醫生。如果要當個好醫生，你一定要更關心別人，不能只在意自己，這樣才能在病人生病的時候理解他們的需求。你一定要試著當個好朋友，對自己不要想太多。送別人禮物，讓他對你好，這不是真正的友誼。如果你喜歡對方，不要對他說謊，你們才會變成真正的朋友。我相信這點你也辦得到。之後我會再來問你有沒有做到。我知道你姐比你大，懂的也比你多一點，但這都沒關係。如果好好表現，不要做一些會被責罵或處罰的事，你很快就能趕上姐姐，大家也會跟喜歡她一樣喜歡你。這樣你喜歡嗎？

卡爾：喜歡。

阿德勒：你也要跟姐姐當好朋友，關心、在乎她。她喜歡你嗎？

卡爾：喜歡。

阿德勒：那這樣就很簡單。你只要盡自己的力量幫忙她，不要在她工作讀書的時候打擾她，這樣就好了。你也能試試看，看能不能找出她讀書跟工作的方式，然後照著她的方法走，這樣就能跟她一樣了。把她或媽媽的東西拿走，這種行為沒辦法讓你進步。你必須等待，把自己分內的工作完成，讓大家知道你多有價值。有時候我們會受到不公平的對待，但我們一定要變得更堅強，堅強到不會用不平等的方式來對待自己。關心、在乎別人，不要說謊欺騙他們，這樣別人就會喜歡、疼愛你。

男孩離開教室。

阿德勒：我剛才之所以跟男孩說了這些，是因為我確定他不曉得自己為什麼說謊跟偷竊。他非常沮喪、氣餒，在困惑中瘋狂掙扎，努力保有、守護自己的位置。現在，卡爾的父母應該要保證會付出卡爾應得的愛與關懷。

老師：父親說他比較偏愛女兒。

阿德勒：我們必須引導父親，讓他不要顯現出自己的偏好，所以我才會提出這項簡單的權宜之計，請他帶卡爾出門散步、跟他聊聊，這樣卡爾就會覺得自己很有面子，覺得自己被父親賞識，並從中感知其實父親是在乎、關心他的。

學生：假如卡爾又偷竊或說謊，母親該怎麼做？

阿德勒：母親應該對卡爾說：「你又失去信心，覺得自己比不上姐姐了嗎？我絕對相信你能成功，但靠說謊跟偷竊是沒有用的。」此外，母親也不該感到絕望。這種孩子長大後通常會自殺，我們必須盡全力阻止他走上這條路。

【第四章】

想領頭的男孩

今晚探討的個案是約翰（John），他快要九歲了。以下是他目前的問題：

「跟其他孩子相處時會惹很多麻煩。他一天到晚喜歡打架。他在學校搗亂班級秩序，還想靠胡鬧搞怪來引人注意。他完全無法適應與其他孩童相處，總是想成為大家關注的焦點。」

假如孩子無法好好跟同儕相處，那他有可能缺乏社會情懷。如果靠打架來博取注意，我們可推斷他或許沒有足夠的勇氣，以有益的方式來面對人生的問題。

「在學校時，他總是給老師找麻煩，回到家也讓父母傷透腦筋。他一直以來都很調皮搗蛋，完全不聽指令。」

既然約翰在家跟在學校的表現沒有兩樣，他顯然是認為這兩個場域沒有差別。因此我們能推論他在家跟在學校都不太討喜。他很調皮搗蛋，不願意立刻聽從指令，這不令人意外，畢竟反叛者本來就不會服從，這兩種特質無法並存。

「母親說約翰還是名幼小的嬰兒時，曾有十六個月是由一位非常嚴謹的褓母照顧。她不允許任何人在晚上六點後進入嬰兒房，就連孩子的父親也不例外。」

褓母顯然對父母也很嚴謹，雖然我覺得不要打擾孩子睡覺是個很棒的做法，卻想不通為何孩子醒著的時候外人也不能進房看他。孩子當時顯然只跟這名褓母有互動與接觸，由於祢母缺乏培養約翰社會情懷的技巧，導致約翰在不利的情況下成長。待會我們取得他的早期記憶後，就能判斷這個推論是否正確。

「家裡有父親、母親、約翰，還有將近三歲大的妹妹。」

這是頗為常見的家庭組成。男孩就要九歲了，有好長一段時間他是家中獨子。他叛逆的態度不太可能是因為妹妹出生而造成，比較有可能是因為他已經發展出獨子的人格特質了。至於他為何要爭取注意力，這點比較難以理解。或許他人生中發生了什麼事，使他的境況變得更加艱難。

「他爸媽的關係很正常、快樂。父親是男孩唯一順服的對象。他之前對男孩相當嚴格，只要男孩犯錯，父親會嚴加責罰。」

我們都知道假如父母親相處不睦，會使孩子無法順利發展社會意識感，使他們無法好好適應社會。另一方面，假如父母過於情投意合，兒女可能會當幼稚的孩子當太久，以至於發展出一種危險的自卑感，認為自己比不上父母。在孩子面前，父母親不該對彼此展現過多愛意。假如約翰只順從父親，代表母親有可能比較弱，約翰因而選她作為攻擊對象。就我所知，若想阻礙孩童發展社會意識感，處罰是最有效的手段。約翰有可能對祢母和母親發展出某種社會意識感，但無法與對他加以體罰的父親建立情感聯繫。其實約翰有可能已經開始厭惡父親，甚至希望父親離開或死掉。這種心態通常都是適應不良造成的，這就是佛洛伊德所謂戀母仇父的伊底帕斯情結（Oedipus complex）。這是一種人為問題。毆打小孩就會讓孩子發展出這種情節，不過只要讓小孩對父母發展出社會情懷，就能避免這種狀況發生。

「與母親獨處時，約翰非常調皮，一直搗蛋惹麻煩。母親神經兮兮的，而約翰不聽她的話，也讓她不快樂。他知道自己能輕鬆擺布母親，她拿他沒轍，因此訓練、管教約翰的工作由父親全權負責。」

在孩子面前抱怨自己的痛苦與艱難，這實在不明智。孩子永遠都比她強，而跟比自己強的人鬥爭根本是徒勞。她說：「約翰不順從她。」我們不曉得這句話到底是什麼意思。或許是她對他要求過多。孩子如果像條狗一樣聽話服從，這種狀況我們也不樂見。父母跟兒女之間的關係應該像好朋友、好夥伴那樣。我就遇過太多父母堅持要孩子盲目、不明究理地服從自己。母親的行為顯示她已失去希望，宣告自己已經無計可施、管不動孩子了，把管教孩子的任務全部交給丈夫。

「小女孩非常聰明聽話，而且也很討喜。父母常以妹妹謹慎、聽話的言行來訓誡約翰，要他將妹妹的行為當成榜樣。」

假如家中有個孩子不太聽話，另一個小孩的行為就會被拿來當成模範。聽話的小孩個性並不一定天生乖巧善良，或許他有可能只是投機取巧，知道要讓父母感到安心寬慰，藉此從中占便宜。我記得在另一個案例中，家中長女在妹妹出生後變得非常叛逆，妹妹個性乖巧甜美，時常受父母親稱讚，成為家中的模範兒童，因為她知道用這種手段最能得到她想要的。不過開始上學後，她就無法繼續享受過度的縱容與寵愛，在往後的日子裡她也只會對人生中的每個問題進行爭辯，因為她沒有勇氣冒險犯錯。她沒有朋友、沒工作，一直沒辦法談戀愛，也始終未婚。她找不到有用的管道與方式，來滿足身為模範與受人矚目的渴望，因此飽受強迫性精神官能症所苦，而其症狀表現是不停清潔打掃，希望讓一切看起來乾淨無瑕。認為自己是全世界最乾淨整潔的人，這種感覺使她達成內心的優越目標。只要有人接近或碰觸她，她都會覺得自己被玷汙了。以約翰的案例來看，他妹妹大概很樂於身為家中的模範兒童。但她之所以喜歡這種感覺，大概不是基於社會情懷，而是出於得意的感覺，以及想滿足當寶貝寵兒的野心。不過，不管約翰是喜歡還是討厭妹妹，我們都不必訝異。在這種案例中，兩種情形都有可能。

「約翰似乎不怨恨父母對妹妹讚美有加。他說妹妹很可愛，表示自己很喜歡妹妹。母親擔心約翰會教妹妹惡作劇或搞怪，怕他會汙染妹妹甜美可人的行為舉止。父母發現妹妹已經開始扮鬼臉、模仿約翰了。」

約翰大概不厭惡妹妹甜美的性格，因為他覺得自己的打架模式是更高明的手段。他發現比起聽話順從，叛逆抗爭能獲得更多力量，而妹妹似乎也開始認同他的觀點。

「父母開了一家非常不錯的店鋪，兩人共同經營。母親每天早上九點出門，晚上六點半回家。在她監督之下，家事與孩子則由一名幫傭和一位褓母打理。家裡非常整潔，裝潢擺設也相當有品味。他們總共有六間房間，約翰跟妹妹睡在同一個房內，不過有各自的床鋪。褓母也睡在孩子房內。」

在此個案中，訓練孩童的工作似乎大多是由褓母負責，不過叛逆的孩童根本不會好好尊重褓母，因為他知道保姆是父母花錢請來的。孩子很快就會察覺父母與幫傭的差別。約翰或許一直以來都有控制褓母的能力，而現在他想要支配整個家。

「約翰出生時一切正常，出生體重為三千四百克。打從一出生，約翰就是喝奶粉長大的。他得過德國痲疹（German measles）、白喉（diphtheria）以及流行性腮腺炎，扁桃腺也被切除了。他曾被帶到一家神經科醫院就診，因為他容易疲倦、總是緊張兮兮，也無法適當控制肌肉。」

這裡涉及一些醫學病症。雖然餵奶粉並不是養小孩最理想的方式，不過有些喝奶粉長大的孩子其實發育得還不錯。假如孩童有貧血與營養不良的狀況，那肌肉的控制能力通常也不會太好，而且容易感到疲憊，但我認為這些因素跟約翰無關。孩童與成人有時候會感到疲倦，其實是出於對人生需求的抵抗。我個人認為這才是約翰對玩耍與工作興趣缺缺的原因。和母親起衝突時，他看起來反而不那麼容易倦怠。

「約翰常常在應該記得某事的時候把事情給忘了，他穿衣服也穿得很慢。」

未發展出社會意識的孩童沒辦法專心或集中注意力，因為他們拒絕合作。從穿衣服穿得很慢這點來看，就能發現他是個被寵壞的孩子。只有這種小孩才會有穿衣服、吃東西等各方面的問題。之所以會如此，有可能是先前那些嚴謹的褓母的其中一位對他太過縱容，後來他又被嚴格管教訓練所致。換褓母也有可能是他性格叛逆的原因。

「穿衣服時他總是拖拖拉拉的，一定得要有人幫他穿，他才來得及去做別的事。他經常遲到，一方面是因為他穿衣服速度太慢，有時候是因為他會停在賣報亭閱讀頭條標題。雖然他都晚上九點就上床，上午還是會感到疲倦。」

如果約翰想準時上學，那他就會快速把衣服穿好了，但學校其實是他不願面對的問題。約翰正在尋找自己可全然掌控的情況，學校顯然不是他能掌控的場域。現在對他而言，早上起床就代表「我得去上學」。他那猶豫、倦怠疲累的表現，就清楚顯示他不想面對現實。

「他說自己喜歡父親跟母親。」

我不相信。如果你問小孩：「你比較喜歡爸爸還是媽媽？」他會回答：「兩個都喜歡。」這種說法通常是訓練出來的。如果孩子很聰明機伶，就算沒經過訓練也會這麼說，因為他們知道自己不應該表示不喜歡其中一方。如果真的想知道孩子比較喜歡誰，不要用問的，而是要觀察孩子的行為。

「他只聽父親的話，父親對他相當嚴苛。除了父親，其他人的話他都不聽。母親對他太溫和、太寵他。她每天都求他在學校乖一點，但他都不予理會。」

母親的哀求，就跟落淚和發怒一樣毫無用處。男孩已經立定目標了，如果在某種情境中他並沒有特別受到偏愛，他就會盡可能遠離這種情境，這就是他的行為模式。他最大的困難是待在自己無法支配的情境中。母親落淚跟哀求都沒有用。越是逼孩子面對不愉快的情境，他的反彈就越激烈。有時這種方法似乎能真的成功將孩子往前推，但最後總是失敗收場，因為孩子設定的目標，跟被強加在他身上的行為相互牴觸。

「母親說約翰知道自己能在她身邊為所欲為，與她獨處時更是調皮搗蛋、不聽話。他喜歡跟妹妹玩，但是不喜歡褓母，有時候甚至會對褓母惡作劇。上週他拿水槍往褓母嘴裡射。為此父親罰他不准在睡前玩水槍。他認為嬉鬧跟玩笑就是人生的一切。」

觀察孩童與幫傭的關係，最能清楚判斷孩子是否發展出社會意識感。我們也發現他並未認真看待人生。這確實是被寵壞的孩子會有的行為模式。我還記得有另一名個案，他的這種行為特徵比約翰更顯著。那位男孩在學校永遠都嘻嘻哈哈的，一天到晚開玩笑，不管面對什麼事都一樣。老師問他問題的時候他只顧著笑，但根本答不出來。老師認為他智能發展不全，就把他帶來找我。我贏得男孩的信任之後，他毫不掩飾地對我說：「我知道他們想要我，爸爸媽媽成立學校來耍小孩。」不要嘲弄小孩。我提到的這個男孩，就是因為童年時期被爸媽戲弄，現在才會養成這種態度。他的性格非常好鬥，父母要求他嚴肅、正經一點時，他也不肯配合。這種人一旦長大，發現世界並不是永遠都那麼有趣、好玩的時候，就有可能會自殺。

「在學校時，約翰希望能一直玩個不停、搞怪胡鬧。他想要打擾、惹惱老師。他完全沒有責任感，也沒有想過要尊重別人的權利。他在班上沒朋友。」

你看，這個孩子現在發展出一項非常完善、高超的手段，不僅能逃避校園生活中的責任與義務，同時還能成為大家注意的焦點。了解約翰的行為模式之後，我們確實得承認，這種沒有責任感與不在乎他人權利的手段實在高招。要是讀完病歷上的事實陳述後，聽到他喜歡去上學，我大概會懷疑他的心智是不是有問題。

「同班同學都將他視為問題人物。他一天到晚都在惹惱其他人，還會推人或踩人。把同學絆倒或是跟身邊的孩童打架，這些舉動都會讓他心情很好。我總是安排他坐在我的辦公桌旁，或是讓他排在隊伍第一位，好就近掌控他的行動。他下樓梯的時候不好好走，每次我都怕他會絆倒、摔跤或是害其他人受傷。他似乎沒辦法好好運用肌肉。」

從這項陳述就能清楚看出約翰已經得到他想要的，而且還認為自己成功征服老師。我常看到被寵壞的孩子在排隊的時候惹麻煩，但還沒碰過像約翰這樣驕縱到沒辦法維持平衡的案例。或許約翰是想扮演笨手笨腳的孩子來逗大家笑。另一方面，有些孩子之所以無法正確行走，是因為沒有人知道要如何訓練這些孩子獨立運作，而這些孩子也沒興趣學習，因為他們的行為模式也包含了依賴他人這個項目。

「會跟他在街上玩的那五個男孩，是他在營隊認識的朋友。」

他在街上玩或打架的時候，難道沒辦法好好控制、運用肌肉嗎？他是在獨子的行為模式下長大的，因此我預期他應該會喜歡跟年紀比較大的男孩一起玩耍。這個推論不一定永遠成立，不過獨子通常都喜歡跟年紀比自己大的人相處。你們或許會認為對一個逃避多數問題的男孩來說，能有這種勇氣實在不可思議，但我認為他如果跟年紀比自己大的男孩出去玩，是因為他確定他們不會攻擊他。

「約翰總是跟住家街區附近的男孩打架。他喜歡打架勝過一切，而且總是把責任推給別人。他太常在學校跟其他男孩打架，許多學童的父母紛紛投訴抱怨，以至於他得等到學校下午開始上課的前十分鐘才能出門上學。他喜歡玩警察抓強盜跟其他街頭遊戲。」

這稱不上勇氣，只能說是對英雄氣概的劣等模仿。

「他喜歡偵探抓強盜的懸疑故事。他的閱讀量很大，閱讀速度也很快，喜歡看鬼故事跟推理小說。他沒有參加任何社團或俱樂部。」

我們現在絕對已經握有充分證據，能斷定約翰是管教失當的孩子，其行為模式是用盡各種手段來吸引眾人注意。

「五歲半開始他就去參加營隊，也很喜歡運動。他調皮搗蛋到營隊主任想把他送回家，但隊輔覺得他很聰明，很喜歡他這點，就請主任讓他留下來，不過主要還是因為約翰的語調很無辜。每年，這位隊輔都會幫他摺棉被和整理帳篷等等。約翰在營隊裡很邋遢、常遲到，而且也不聽話。但不管到哪裡，他總是有辦法逃避責任。」

我非常贊成讓孩子去參加營隊，不過我只能說，假如孩童已經建立既定行為模式，我們就不能期待參加營隊能帶來改變。假如營隊中有人非常了解孩童，孩童的行為確實有可能出現變化，不過認為營隊生活絕對能導正孩童的不良行為，這種想法很傻。約翰發展出狡猾與虛偽的無辜感這兩種不受歡迎的特質，藉此達成自己的目標，也就是無謂的優越以及寄生狀態。

「約翰的一般智能相當高，喜歡解算術習題。他喜歡課業，也不排斥任何自己能駕馭的科目。」

這段內容非常有價值。或許他在算術方面表現優異，所以想繼續進步。我想假如我們以正確的方式來遷就他，就能解決他的問題，進一步讓他對有價值的事物感興趣。我知道在後續輔導過程中，這並非因應整個狀況的最佳手法，不過我們必須一開始就贏得他的信任，讓他接受我們的思維模式。他並沒有罪，他根本不曉得自己在人生中最感興趣的就是逃避所有責任。

「他的心智年齡超前生理年齡一歲。在1A班級就讀時，他很喜歡班導師，上她的課時也很聽話配合。品行得分為B，課業表現為A。一個月後他升上1B班，他不喜歡那位班導師，品行得分為D，課業表現為B。念2A班時，他的品行成績為C，課業表現為A。2B班的品行成績為D，課業表現為A。進入3B班後他的成績退步了，品行得分為D，課業表現為C。他表現最好的科目為閱讀跟算術，最差的項目為體育。不過運動協調檢測結果顯示，他的肌肉控制能力已到達十歲孩童的水平。」

由此看來，他無法好好運用肌肉似乎不是器質性缺陷所致。這點證實我們之前的臆測，顯示他想扮演一位笨手笨腳的小孩，因為他對體能活動沒有特別感興趣。或許，他曾在體育館中遭受批評。

「他很容易疲憊，上完某些課還得躺下。他被禁止用墨水寫字，因為他會搞得滿身墨水。他的字跡相當凌亂，繪畫能力也很差。」

下課時感到疲倦，這或許是他對老師開的某種玩笑。

「約翰因為干擾課堂秩序，經常被送到校長室。校長說約翰總是看起來不快樂，臉上沒有微笑，實在很令人遺憾。約翰之所以擺出難過的表情，是因為想讓人覺得他看起來很無辜。」

假如將約翰送到校長室兩三次後都不見效，就不用繼續把他送過去了。微笑能表達多種情緒，而期待這位叛逆的孩子微笑，這種要求似乎有些過分。他扮演的角色是一位操受錯誤指控的無辜者。

「因為行為失當被責罵時，他會用溫和、如嬰兒般的語氣說話。他會針對這件事講個不停，講到甚至不會停下來喘口氣。他從來就不想替自己的行為解釋，時常說謊來替自己開脫。」

藉由一直談論自己的行為，他似乎希望能擊退責備他的成人。他之所以這麼狡猾，都是因為想逃避父親的管束。

「一九二八年一月，約翰被送到某間大學接受心理學家評估。評估結果摘要：『生理現象：身高與體重都高於平均值，視力受損，但有眼鏡輔助。牙齒需要治療。心智年齡十歲又三個月，運動協調與關係知覺能力為十歲孩童的水平。理解力為4A水平，算術理解力為5A。』」

從這份報告能看出約翰有生理缺陷，而且缺乏鼓勵，他拒絕以適當的方式來補償這些缺陷。

「父親堅持要約翰在下午五點從街上返家，但約翰不聽指令，沒有準時回家。他的那幫朋友訂了一項規矩，如果有人在集會宣布解散之前離開，就得挨六十拳。約翰當然比較想揍人而不是被揍，因此才會在父親指定的時間過後回家。父母要他做的事他都不記得。他爸不懂為什麼他記不起來，因為他是個聰明的孩子。約翰的朋友的零用錢是五十分，他也想拿到這麼多零用錢。不過，約翰的父母不認為他需要這麼多錢，因為他們已經提供所有他在家需要的東西了。此外，他們也不希望約翰亂花錢。約翰的朋友之前都會跟他一起上主日學校，但現在他們不想去了，約翰也跟著不想參加。父母則堅持讓約翰接受宗教指引。」

這些事實顯示約翰跟他那幫朋友相處時比較快樂，他在朋友之中扮演重要的角色。他不會記得要遵從父母的指示，因為他們的要求不符合他的行為模式。

「父親非常希望約翰能在品行方面拿到好成績。他每天都會拿到行為不當警告卡，父親試圖利用金錢來吸引他拿出好的表現。他訂了一套獎勵機制，如果約翰品行成績拿B就能獲得十五分零用金，B+能拿到二十分，A則能獲得二十五分。但如果是C，約翰就得給父親十分，如果是D就要付二十五分。最近約翰拿了D回家，父親責備他，還用桿麵棍輕輕打了他幾下，讓他嚐一嚐犯錯受罰的滋味，還說要是他再拿D就會被痛打一頓。遺憾的是，約翰當天又拿了個D回家。」

雖然立意良善，但父親的策略只不過是表面工夫。如果不服從是男孩的行為模式，那用金錢利誘他學好是不可能的。而且大家都能清楚看出，約翰完全不怕體罰，體罰在他身上根本是無用到了極點。

「他的課業表現很優秀，但行為非常惱人。上課時他會不斷自言自語、跟其他同學說話，或是耍寶搞笑來吸引注意，非常干擾課堂秩序。他的桌面非常混亂，有些書擺在座位上，有些則躺在地上，紙張也散落一地。他的字跡非常不工整。雖然白天到校的時候很乾淨整齊，但放學時整個人卻髒兮兮的。班上另一個男同學的父親到校抱怨，說約翰威脅要打他兒子，打算放學時在某個轉角堵他。男孩不敢到學校去，怕約翰會攻擊他。約翰的同班同學都不喜歡他，因為他總是想當老大，不准其他人獲取權力。」

我們在前段分析出的行為模式，在這裡再次獲得證實。假如約翰很會打架，那他肯定也很能妥善運用、控制肌肉。

「約翰通常會在街上玩到五點，接著到父親開的店去，在那裡待到六點然後回家吃晚餐。他會先在廚房看書，等褓母說還是嬰兒的妹妹已經熟睡才回房間，並在九點上床睡覺。下雨的時候，他會到父親的店去，在那裡讀本書。」

他之所以閱讀，其中一個原因可能是因為他討厭現實世界，喜歡沉浸在幻想之中，把自己當成故事中的英雄人物。

「家庭訓練與管教並不適切，父母都非常寵他。放學之後就沒人管他，讓他逐漸養成壞習慣，他似乎越來越有幫派分子的感覺了。他不怕黑，睡覺時也不會放聲喊叫，但他在床上很不安分、靜不下來。」

約翰不怕黑是個誤會，因為不管是在白天還是黑夜，他都能輕而易舉迫使母親和褓母將注意力放在自己身上。

「他想當偵探抓強盜，或是當醫生治療癌症（他祖父死於癌症），或是當律師幫助有困難的民眾。」

在這個年代，治療癌症是一項英雄事蹟。從他的抱負來看，他似乎還是有一定程度的社會意識感，這也跟他那幫街頭玩伴的活動形象相符。街頭男孩有某種正直的傳統思想：他們不會欺騙彼此，而隸屬某個街頭幫派對他來說或許是有益的。他想當偵探而不是強盜，這點也令人寬心。約翰的過往歷史並非一片漆黑，他的發展過程中還是有一些很正向的階段。最主要的困難在於他放錯重點了。他之所以打架，是因為他只知道靠打鬥來提升自己的重要性。輔導治療必須從這點切入。我們應該跟父母談一談，建議父親不要打他，而是跟他建立夥伴關係。他們最好能一起出門旅遊，試著了解彼此。

治療重點在於讓約翰和他父母知道，他的目標其實是獲取注意力。讓男孩了解這點或許比較困難，我們大概得花上一點時間，才能讓他相信這是他設定的人生目標。我們必須運用各種方式來協助他。不過，好在他的老師也在場，她肯定能幫上大忙，協助向男孩解釋他的行為模式，以更好的方式來引導他。

個案會議

學生：假如孩童的目標藏在潛意識中，要怎麼讓他理性看待自己的目標？

阿德勒：我們必須拿一面鏡子映照他的靈魂。我們要讓他清楚看清自己的態度，並且拿自己的態度跟我們建構的其他形象相比較。假如能成功讓他看清自己真實的樣貌，那下次他又在搞鬼搗蛋的時候就會想起這點。只要他能徹底理解自己行為背後的動機，就會變成另一個人。

約翰的父母走進教室。

阿德勒：我們花了不少心思試著了解約翰，我認為我們已經成功分析出他的行為與目標了。我認為如果身為父母的你們能夠分擔責任，我們就能幫忙讓約翰變成正常的孩童。約翰的人生首要目標似乎是獲取注意力。有時候他以頗具建設性的方式來取得注意力，有時靠的卻是差勁的手段。他在閱讀和算術方面有很大的進展，他對妹妹的態度和他們的互動，以及他立志想當個有用的人，這些面向都令人寬慰。但是，行為不端這點卻顯示出他覺得自己受傷、被歧視了。我們想多了解他的童年境況。假如孩子一開始先是被捧在手心，大家都配合他，後來卻頓失原有的支持，他就會覺得自己失去一片樂園。不管身處任何情境，他都希望當支配者，因此他有可能終其一生都在閃避自己無法掌控的情境。還是嬰兒的時候，他需要別人照料，能夠輕鬆獲得他人關注，不過長大後只要沒辦法輕易成為眾人注目的焦點，他就會發展出叛逆的性格，為了獲取注意力而爭鬥。如果他不是情境中最受歡迎、最強的個體，他會跟母親、老師，還有跟其他小孩爭。約翰認為自己已經失去過往那片樂園，他現在正拼命把樂園奪回來。病歷紀錄說他在頭十六個月是由一位非常嚴謹的褓母照料，是這樣沒錯嗎？

母親：那位褓母非常嚴格謹慎，她不允許任何人靠近嬰兒。

阿德勒：你還記得約翰喜歡那位褓母嗎？

母親：他那個時候還太小，沒有什麼喜歡不喜歡。

阿德勒：第二位褓母有比第一位更嚴格嗎？

母親：我覺得第二位對約翰比較好。

阿德勒：要精準重建當時的情境似乎不太可能，不過約翰有可能受到褓母、女傭或你的寵愛。你們也知道，他有好幾年都是家中獨子。你有過度縱容他嗎？

母親：沒有，我從來沒有。

阿德勒：那我們就必須假設是褓母太溺愛他了。不管是誰，我們能確定他的境況突然有了轉變。約翰惹麻煩已經有多長時間了？

母親：大概兩年。剛入學的時候有些小問題，七歲後就變得更棘手。

阿德勒：開始上學後孩子陸續出現各種問題，這種狀況常發生。因為在校園環境裡，孩子沒辦法輕鬆保有優越地位。

母親：一開始他是去一間私立學校，他在那裡還滿自由的。

阿德勒：或許他是覺得換新學校，讓他從舒服的環境轉到他不喜歡的環境。約翰的行為很聰明機伶，但他的目標是錯的。我們必須說服他，讓他知道只有當個有用、有益處的人，才會被愛、被欣賞，否則他永遠不會改變。我建議你們都要花點心思，讓他覺得跟你們是真正的朋友。如果能讓他建立這種觀感，他就不會叛逆、事事與你們作對了。我相信他絕對能夠跟自己在家庭和學校裡的位置和解。把他帶到校長室、給他壞成績、毆打他、用金錢利誘他，這些都沒用。我建議你們試試看我的方法，如果你們願意，我想跟約翰說幾句話，告訴他他不是個壞孩子，只不過你們都誤解彼此了。

母親：好的。

阿德勒：謝謝，讓我跟他聊一聊。

父母離開教室。

阿德勒：我剛才說約翰還有救的時候，他父親看起來不怎麼相信。但這不要緊。如果你們在一大群觀眾面前給個案孩童父母建議時，碰到他們說「不」，也絕對不要站在對立面，堅持要他們接受你的觀點，就隨他們去吧。通常他們離開教室之後，態度就會從拒絕轉為默許。約翰的父母一直認為約翰有過失，所以我最想告訴他們，讓他們知道其實兒子沒有錯。我們忽略一點，就是他們堅持送約翰去主日學校。從這裡就能發現，他們嚴格的態度導致約翰抗拒宗教。如果要對抗父母，孩子通常會瞄準對父母來說最重要的事物。假如約翰的閱讀與算術能力很優秀，還能跟別人打架，我相信他也能在其他科目跟品行上有很好的表現。

男孩走進教室。

阿德勒：我聽說你想當醫生，跟我一樣。你想當醫生嗎？

約翰：想。

阿德勒：幫助別人度過難關，是一件非常有趣的事。當醫生其實不難，不然就不會有這麼多人當醫生了。你有很多朋友嗎？

約翰：有。

阿德勒：是很好的朋友嗎？

約翰：對

阿德勒：你喜歡他們嗎？

約翰：喜歡

阿德勒：很好，你是朋友之中的老大嗎？

約翰：我們會輪流當老大。

阿德勒：你想要永遠當帶頭的嗎？如果能在好的事情上帶頭，那是一件很棒的事，但有些男孩會覺得帶頭做壞事比較好。帶頭做好事需要很大的勇氣。我覺得你希望大家能一直注意你。你還是個小小孩的時候，大人有很寵你嗎？

約翰：沒有。

阿德勒：你可以好好想一想。或許你覺得大家不像以前那麼重視你，所以你以為唯一能讓大家注意你的辦法，就是干擾上課秩序或是跟媽媽吵架。搞不好你還沒有找到別的方法，但我相信你這麼聰明，絕對能有更棒的表現。你有勇氣嘗試新的方法嗎？我知道只要是你喜歡的事，你都辦得到，你一定能成為學校最棒的學生。你有可能不相信我說的，也不敢嘗試。如果大家都說「約翰是個很棒的男孩」，你不覺得聽起來很開心嗎？為了讓別人注意你而干擾別人，這種事只有沒膽子的人才會做。幫助別人，這才是更有勇氣的做法。你有勇氣試試看嗎？你覺得要花多少時間，才能變成班上表現最優秀的學生呢？你真的很聰明，一定可以在兩個禮拜內辦到。要不要兩個禮拜後再來找我，告訴我你表現得怎麼樣啊？

約翰：好。

【第五章】成長的恐懼

今晚我們要來評估喬治（George）這名個案，他今年六歲八個月，正在讀1B班。病歷提到喬治的母親之所以把他帶來，是希望我們能改正他在說話方面的缺陷。他說起話來就像幼兒那樣，而且還有其他壞習慣，像是扮鬼臉、開玩笑、假裝沒辦法閱讀或回答問題。他的智商是八十九。他在說話方面的毛病，有可能是生理器官缺陷所致。不過這更有可能是他在某方面適應不良造成的，因為除了說話方式他還有其他壞習慣。如果他確實是適應不良，那他可能是藉著不好好講話來避免與同儕接觸。或是他想將與同儕的互動往來，侷限在自己覺得有把握的範圍內。我們需要其他證據來證明我們的假設。他有可能是個邋遢、不愛乾淨的小孩，也有可能性格孤僻、對食物挑三揀四、膽小等等。他智商八十九，肯定是個聰明的孩子，所以在行為上表現得像個幼兒肯定有其目的。從先前的輔導經驗來看，我認為喬治是個不敢面對成長的問題的孩童。我就知道有一位五歲大的男孩，他總是要用奶瓶來喝東西。透過此行為，他顯然是想永遠留在有利的幼兒情境中。他有自卑情結。這種小孩不會清楚表示：「我不想長大。」不過他卻會以最符合此目標的行為，來逃避自己不理解的新情境。就算小孩清楚意識到自己不想長大的願望，但不願長大的動機仍停留在潛意識中。意識與潛意識並不互相抵觸，而是兩條往相同方向流動的水流。

想永遠當幼兒的孩子幾乎都有壞習慣。我們必須釐清他為什麼選擇這個目標，或許他曾經被寵上天、被慣壞了，或是他剛出生時是個很可愛迷人的嬰兒，又或者他幼年時生了病，他也有可能是家中獨子或老么。他喜歡扮鬼臉跟開玩笑，這都是吸引他人注意的好方法，由此可知他確實是個被寵壞的孩子，他正在努力重建已離他遠去的愉快情境。像幼兒那樣講話並不是什麼缺陷，而是非常機伶的手段。幼兒語調跟扮鬼臉是孩童的創意傑作。假設他真的是想永遠當個嬰兒，那他選用的技巧確實高招，再也找不到更有效的手段了。很多小孩都有辦法表現得很滑稽逗趣。有時他們無意間做了某件事，把身邊的人逗笑了，他們就會練習類似的活動，最後成為真正的搞笑大師。

喬治假裝沒有閱讀能力，讓別人來幫他完成他該做的事，使自己再度回到幼兒狀態。在這種狀態之下，沒有人會期望他閱讀或回答問題。要是因為他耍這種把戲而責備或處罰他，那可是天大的錯誤。他並沒有說謊，因為他追尋的是自己的目標，而不是父母替他設定的目標。假如他的人生目標是當個好學生，他就會學習閱讀跟回答問題了。實際上他是在假裝「我辦不到」。以心理學的語言來詮釋這種行為，就代表：「我是幼兒，你們不能對我有任何期待。」

病歷提到：

「他還有一個十四歲的哥哥，跟分別為十一歲和九歲的姐姐。」

我們的假設再度獲得證實。他是家中老么，非常有可能被家人寵上天。

「哥哥跟姐姐常跟喬治吵架。」

這點非常有趣，由此可見喬治並不是個徹頭徹尾的懦夫。要是他一點勇氣也沒有，兄姐根本就不會跟他爭執。

「他跟姐姐比較處得來，跟十一歲的大姐相處得特別好。大姐是個非常有能力的孩子，在母親生病的那段期間，她一肩扛起母親在家中的責任。」

他顯然從大姐那裡獲得他渴望的關注。率先寵他的可能是母親，而姐姐偶爾也會模仿母親，對他疼愛有加。

「大哥會揍喬治，也不喜歡喬治的朋友，尤其討厭喬治帶回家的一個黑人小男孩。他說喬治的行為舉止很糟糕。」

所謂「糟糕的舉止」其實就是幼兒的行為。我不覺得這些行為很糟糕，反而覺得很是很高超的技巧。如果想扮演幼兒，就得用幼兒的方式替自己辯護。喬治無法改變自己的目標，因為他並未清楚洞悉自己的處境。讓喬治了解其實長大代表能獲得更多力量，而比起重建過往的樂園，成長與進步反而更值得追求，我覺得要讓喬治了解這些道理不會太難。

我們也能從這裡體會到學校有多重要。假如喬治的老師能鼓勵他，訓練他培養成長的技能，喬治就能走在一條迎向未來的開闊道路上。我們必須說服母親讓他更獨立，要求他更關心家人跟玩伴。我們也得讓大哥知道他的方法是錯的。喬治扮鬼臉的時候，其他孩童都不該發笑，不能讓他有機會利用這種廉價的把戲提升自己的重要性。

「哥哥姐姐都不喜歡聽喬治的兒語。大哥跟大姐的課業表現非常優秀，兩人的智商也很高，二姐的智商則較低。喬治相貌俊俏、金髮碧眼，哥哥姐姐的髮色跟膚色都比較深，也沒有喬治這麼迷人。母親說：『金髮碧眼，又這麼可愛討喜，怎麼能不愛他。』」

這裡又再度證明我們的理論，顯示喬治確實是個備受溺愛的孩子。

「父親是義大利人，是一名泥水匠，母親是美國人。夫妻感情不怎麼好。」

這項因素使孩童的發展雪上加霜。假如父母感情不睦，小孩又太過依賴母親，他就有可能會不愛父親。這會過度限縮他的人生，也會讓他想永遠當個不負責任的幼兒。

「喬治有一天到學校來，心情很差，他說：『媽媽昨天晚上都沒回家。爸爸把媽媽弄哭，她跑出去之後就沒有回來。』喬治擔心了一整個早上，一直問我下課時間到了沒。」

假如母親徹夜未歸，那夫妻倆肯定吵得很厲害。在這種情況下，孩童特別難培養社會意識。他顯然深深依附著母親。

「母親回家時對喬治說自己去看電影，看完電影後病得太重所以沒回家。」

這顯示母親沒有跟孩子吐露實情。我不會勸她一五一十把真相告訴喬治，但我想她應該還能想出更可信的謊言。

「男孩家境曾經還不錯，當時他們住在南部，擁有房產跟一輛車。全家後來搬離南部，對此母親深感遺憾。她有好長一段時間陷入重病，男孩的父親也外出工作數月。幾個月前父親懇求學校提供財務援助，不過現在他又開始工作了。」

這是喬治面臨的另一項難題。他或許記得自己的童年時光比現在快樂許多，因為當時他們家比較富裕，也不像現在有這麼多煩惱。

「母親有個外甥住在另一州，他也有說話方面的缺陷，狀況跟喬治類似。」

我認為母親似乎認為這種缺陷是家族遺傳。外甥的母親跟喬治的母親是姐妹，她們的原生家庭非常溺愛孩子。因此這種現象無關遺傳，而是因為兩位孩童身處類似境況。探究問題根源時，絕對不要忘了考量家庭傳統。仔細調查之後，通常會發現我們想像中的遺傳人格特質，只不過是無知的迷思。

「孩子出生時一切正常，不過他很難餵，而且常常生病，三歲後才好轉。」

搞不好孩子有消化道問題，或者只是母親在餵飯時技巧不足。他當年生病時很有可能受盡呵護，因為這符合母親原生家庭的傳統。

「他曾經開刀切除扁桃腺，父母認為這能改善他在說話方面的問題，但其實根本沒有用。」

當然，切除扁桃腺不可能改變他的境況。假如喬治想當個孩子氣的幼兒，不管有沒有扁桃腺他都會是幼兒。

「幾位醫生都向母親保證他的說話器官沒問題。校醫發現除了幾顆蛀牙之外，喬治非常健康。在學校，同學都很喜歡他，也喜歡看他扮鬼臉。」

幼小的學童實在很容易取悅，喬治也把自己訓練成大家的開心果。

「他常常跟同學打架、推他們，或是跟坐在附近的同學講話。每天剛到學校的時候，他看起來很乾淨整齊，但過不了多久就會把長筒襪往下拉，襪子全積在鞋上，還會把領帶鬆開。」

這些都是他身為演員的把戲。

「他從來不會把外套掛起來，都直接丟進衣櫃裡。天氣冷的時候，他也不會穿大衣來上學，他說自己的冬季大衣太短了，但他又不想穿厚實的短夾克，因為上面破了洞。」

邋遢絕對是被寵壞的小孩的特徵，不過喬治也滿虛榮的，不希望看起來穿得太破爛寒酸。以前父母手頭寬裕的時候，他的衣服比較高級體面，或許這是喬治生命中的一項重要因素。要是他這輩子穿的每件外套都有破洞，那他也不會注意到大衣破了個洞。

「他在算術方面的表現很優秀，閱讀能力也穩定進步中。」

這些都算不錯的徵兆，證明他逐漸克服學校的障礙，他顯然也有一位不錯的老師，否則應該會在算術方面碰到困難。

「他字寫得歪七扭八，考卷或作業看起來潦草、髒兮兮的。」

由此我們可以推估他可能是左撇子，因此寫字對他來說特別困難。

「他是經過矯正的左撇子。在學校他從來不會試著使用左手，不過他用左手寫數字寫得特別好。」

我們說他是左撇子的推斷是正確的，他目前還沒有完全彌補右手寫字的弱點。這種小孩通常在閱讀上會碰到困難，而且因為他們表現不出色，常被人認為頭腦不好。但仔細觀察，就能發現如果讓這些孩子從右往左閱讀，也就是所謂的鏡像寫作，他們通常都能流暢閱讀。

「對於他人的稱讚，他的反應非常迅速。」

這不必多做解釋。

「他並不笨手笨腳，但總是裝作沒辦法好好做事。舉例來說，假如老師正看著他，他會假裝自己無法好好把紙折起來。如果老師沒在看，他就能折得很好。」

我們一再看出男孩的人生目標：讓每個對他好的人服從他。他試圖證明自己只是個嬰兒。

「他不自己穿衣服，也痛恨洗澡。每次母親幫他洗澡，他就會使盡全力大吵大鬧。」

有越來越多徵兆顯示他被寵壞了。他之所以在母親幫他洗澡時大吵大鬧，並不是因為他不喜歡別人幫他洗澡，而是想替母親製造更多麻煩。

「母親有時候會抽打他以示懲罰。為了閃避男孩大吵大鬧，她也會請十一歲的大女兒幫喬治洗澡，並給她獎勵。他會自己吃飯，但吃得很慢，而且邊吃邊玩。」

母親在其他事情上過度縱容喬治，卻想靠抽打他來讓他了解洗澡的必要性，這是辦不到的。用餐時間顯然也被喬治當成吸引更多注意力的大好機會。

「他在家時不聽父母的話。在學校做了什麼鬼臉，回家也照做，而且從來不把玩具跟衣服收拾整齊。他跟九歲的二姐同睡一張床，大姐也跟他們睡同房。」

我們應該讓母親知道這不是最好的安排，應該讓小孩換個方式睡。

「父親完全不處罰喬治，但喬治卻跟母親更親。母親說如果喬治比較喜歡他爸，她會覺得很『不開心』。」

這項陳述讓我們對個案有更精闢的洞見。他們母子之間的連結顯然相當緊密，但母親似乎刻意不讓孩子跟父親培養感情。就算母親沒有親口表態，我們或許還是會做出相同結論。在夫妻感情不睦的情況下，孩子跟母親比較親近，母親就會下意識、本能地讓孩子站在自己這邊，一起對抗父親。

「他會跟街上的男孩玩在一起，但比較喜歡跟女孩子玩。」

這種偏好符合他的行為模式。他受到母親與大姐的溺愛與呵護，因此比較偏好女性。假如得幫他找一位家庭教師，必須將這點納入考量。當然，我們不應該讓孩子抱持錯誤的情緒依戀，但是在輔導開端也不該太猛烈攻擊他。我認為如果喬治需要家庭教師的幫忙，應該要請一位女家庭教師。

「他長大之後想當牛仔，因為他在電影裡看到的牛仔都會與敵手打鬥。」

灰心喪志的孩子通常都會在幻想中扮演英雄人物。對喬治來說，當牛仔就近似於當一位全能的神。督促喬治向前邁進應該不難。從他的抱負看來，他真的很想長大，前提是成長的路上不能有艱難的阻礙。換句話說，他想在適切的情況下當英雄。

「他夢到有名男子來把他家的門拆走。」

我們幾乎能猜出喬治會做哪些夢。這種孩子通常都會夢到成長的威脅與險惡，並利用這些夢境來欺騙自己，合理化想永遠當嬰兒的渴望。病歷陳述中提到的夢有點難解，不過我想我們還是能詮釋這個夢的意義。如果有人來把家門拆走，房子就會失去遮蔽、對外敞開，他也就沒了保護。門是住家的防護，而喬治非常在意自己是否受到保護。

透過他的字跡樣本，我們能從許多跡象看出他是左撇子。舉例來說，他寫的「M」都是倒過來的，而且紙張左側只留了一點空白。他的筆跡很凌亂。

我們最大的任務是說服母親，請她讓喬治與父親和解。我們要告訴大哥不該批評喬治，也不要對他的鬼臉做任何反應。母親應該試著讓喬治更獨立。只要喬治自己洗澡、穿衣服或幫忙跑腿買東西，母親能給他獎勵。我想老師對喬治的了解非常透徹，無需提供任何指示。等到喬治的字跡稍微變得比較工整的時候，老師可以趁這個時候稱讚他，不過他把紙張寫得亂七八糟時也不該予以苛責。喬治試圖吸引老師注意時，老師應該回應得更誇張。老師可以私下對喬治說，如果他真的想要的話，老師能幫他做所有他該做的事，但不要在其他學生面前說。然後她可以接著表示：「你看，你媽有點把你寵壞了，所以你一直希望別人幫你完成工作，希望別人來關心、照顧你。假如你想永遠當個幼兒就算了，但是如果你想長大，這不是個好辦法喔。」

個案會議

喬治跟母親走進教室。喬治一直抓著母親，不願跟阿德勒握手。

阿德勒：你為什麼不跟我握手呢？我是你朋友啊。你已經是個大男孩了，就算媽媽不在身邊，也應該要能自己走路。你已經不是嬰兒了，對吧？

男孩離開母親身邊，跟著阿德勒走。

阿德勒：你有很多朋友嗎？他們都是好朋友嗎？你會幫他們忙嗎？

針對這三個問題，喬治全都點頭表示同意，但雙眼並未注視阿德勒。

阿德勒：你們看，他不覺得我是他朋友，不願意看著我。（對喬治）你覺得我會咬你嗎？你最喜歡做什麼？

喬治：畫畫。

阿德勒：你想當畫家嗎？

喬治並未回答。

阿德勒：比起畫家，你更想當什麼？

喬治：我想當牛仔。

阿德勒：如果你是牛仔，你想做什麼？

喬治：我想要騎馬。

阿德勒：想要騎馬不一定要當牛仔。我相信不管你想做什麼，你都能做喔。來，告訴我，你想當幼兒嗎？還是你想當老師或醫生？

針對這些問題，喬治都回答「不想」。

阿德勒：我覺得如果你在上課、讀書的時候更仔細，不要讓兩隻手看起來髒髒的，大家就會更喜歡你，老師也會更常稱讚你。大哥對你很兇嗎？我會叫他不要再跟你打架、吵架了。我也會告訴他，如果你用幼兒的方式說話，就不要理你。從現在開始，如果你扮鬼臉學嬰兒，大家都不會看你，你想扮一整天的鬼臉也沒關係。等你長大之後要怎麼辦呢？你難道不想好好學說話，學習朗誦嗎？

喬治：想。

阿德勒：那你就要開始自己穿衣服跟洗澡，也要乖乖吃飯，不能再當幼兒了。如果你一天到晚都像幼兒那樣，要怎麼當牛仔呢？這不是訓練自己的正確方式。

喬治匆匆離開。

阿德勒：他迅速走掉，顯示面對這麼多人的時候他感到不自在。但我相信我們已經灌輸他一些新的想法了。

阿德勒（對母親）：喬治替自己創造了一個幼兒的角色，這大概是因為他記得幼年時的生活環境非常舒適，所以想重建過往情境。正因如此，他才會一直找你麻煩，要求你幫他洗澡穿衣服，好永遠當個孩子氣的幼兒。他其實也不想調皮搗蛋，他是個好學生，也是個很乖的孩子，我相信他絕對能在短時間內克服這些困難。如果你想從旁協助，就絕對不要對他的鬼臉做任何回應或予以責備。也要時時提醒哥哥跟姐姐，叫他們在喬治扮鬼臉時不要理他。假如他以幼兒的方式說話，就裝作沒聽見，他以大男孩的方式說話時，就可以讚美、鼓勵他。他太依賴你，在其他人面前太害羞、放不開。如果大哥跟父親能努力跟他培養感情，那也是一件很棒的事。我知道他在學校有獲得適當的鼓勵，如果你也能助他一臂之力，一切都會進行得非常順利。就算要花很多時間，也務必讓他自己洗澡跟穿衣服。只要你發現他朝對的方向前進，就要好好稱讚他，告訴他：「你已經不是幼兒，而是個長大的好孩子，我好高興。」他之所以會有這些壞習慣，都是因為害怕長大，所以我們必須多多鼓勵他，讓他知道長大其實沒有這麼可怕。不要跟他講道理或說教，不過他用兒語說話的時候絕對不能理他，等到他試著用正確的方式說話才能給予回應。

母親表示願意照著指示做。

阿德勒（對學生）：誠如你們所見，我有時候不會給太多直接的指示，沒有人能把輔導這類孩童的必要手法跟訣竅全部告訴母親，不過如果她能了解情況大概是什麼樣子，就知道該怎麼做。要訂出一套能應對所有緊急狀況的規範，那是不可能的。當然，他們家的氣氛看起來不怎麼快樂。不過，有時候家中的一些小轉變能讓不愉快的氛圍一掃而空。

學生：要怎麼在不縱容孩子的情況展現對他的愛呢？

阿德勒：你想怎麼愛都沒關係，但絕對不能讓孩子依賴你。我們的義務是讓孩子成為獨立運作的個體，打從一開始就得訓練孩子獨立。一旦讓孩子覺得父母沒有其他重要的事要做，隨時都能供他差遣使喚，他就會對愛產生誤解。

【第六章】

叛逆「壞」男孩

今晚我們要探討的案例是一名十二歲又五個月大的男孩，他目前的問題是屢教不改。他被指控在留校查看期間打架跟偷竊，有人建議父母將他送到管訓機構。

從這項安排看來，男孩的父母大概找不出其他辦法來說服他過正當的生活。碰到某些個案時，大家肯定會覺得自己沒辦法改變當事孩童的行為模式，就連接受過全套個體心理學訓練的人也會有這種感覺。但我們一定要相信總能找到對的方法，更不能因為自己辦不到，而質疑那些做得到的人。碰到棘手的案例，有時候用以下方法與當事孩童或成人溝通，效果其實還不錯：「我相信我知道為什麼你會有這些行為，但是我不曉得自己有沒有辦法清楚解釋，讓你跟我一樣搞懂這些行為背後的原因。」這通常能讓個案對你有不錯的印象。這類孩童或成人受自卑或優越情結所苦，假如他發現醫生或老師並沒有過度自負，不會認為自己能矯正每一名個案，或是沒有因為坦承個人不足而受苦，患者就能大幅減輕內心的痛苦。對那些認為必須表現出一副老師都拿我沒轍的孩童來說，這種說詞尤其能讓他們鬆一口氣。「或許我沒辦法成功解決你的問題，但其他人可能辦得到。」用這種態度來與問題孩童互動，就能化解他的敵意。

這種好鬥的小孩確實有可能被控偷竊和打架。他覺得自己受到欺騙，但現在他有足夠的勇氣為自己的權利而戰，抵抗的對象可能是身邊軟弱的個體。病歷紀錄指出男孩曾經被留校察看，這本身就不是件好事。很可惜個案沒有在四、五年前來尋求協助，那時他尚未被留校察看。如今，男孩已經因為留校察看被貼上標籤。將男孩送往管訓機構的建議，顯示出他身邊的成人已經耗盡資源，對他的未來失去希望了，更認為他是個屢教不改的男孩。在這種情況下，我不反對將孩子送走，但要送去哪裡？又有誰會了解他、訓練他，讓他迎向更有用的人生？我們必須讓男孩對自己有信心，讓他喜歡試著輔導他的老師或醫生。我不曉得有哪些地方能滿足以上條件，不過如果他的學校裡設有精神保健診所，就能利用這項優勢來有效處理他的問題。他會在診所裡找到一些朋友或輔導老師，讓他體驗家中缺乏的人際關係。這種男孩通常會被送去感化學校，不過就我觀察，絕大多數的年輕罪犯都曾待過感化學校。我不覺得這類機構真的能夠感化任何人。

讓我們閱讀病歷紀錄：

「男孩過去的問題包含：在學校製造麻煩、偷竊與打架。曾在問題兒童輔導所中待三個月。」

把他送進問題兒童輔導所，無疑使他反彈得更猛烈。

「男孩的父母來自德國。父親是非常嚴厲、不苟言笑的人，比較偏袒大女兒。他死於肺結核。母親的年紀比第二任先生大出許多，繼父待尼可拉斯（Nicholas）非常親切。他有個姐姐在六歲時去世，她比尼可拉斯大兩歲。另一位姐姐比他大十三個月，還活著。他現在有一名四歲大的繼妹。大姐過世時，尼可拉斯四歲又四個月大，父親喪生時他則四月六個月大。」

父親顯然不是那種能協助尼可拉斯培養社會意識的人。我們必須從病歷陳述中，找出家人離世對他帶來哪些影響。繼妹小他八歲，應該不是他的競爭對手。早在繼妹出生前，他的生命風格就已存在而且定型了。因此，我們能大膽猜測在他的環境中，使他的處境更加困難的應該是姐姐。此外，我們還能推斷姐姐應該發展得非常好，是個乖女孩，而且更受母親疼愛。假如事實能證明此推論，我們就能輕鬆了解他的生命動態。他覺得自己被歧視，害怕無法與他人競爭。他或許是因為找不到贏過姐姐的好方法，才會感到沮喪氣餒。

「父親和母親未曾抱怨過彼此。尼可拉斯跟大姐經常吵架。繼父對他很好，也試著贏得他的信任。尼可拉斯很喜歡繼妹。母親說自己對尼可拉斯已經無法忍耐，想把他送走，他吵吵鬧鬧的，還把整個家弄得非常髒亂。」

這些事實是非常重要的資訊。剛才我們假設尼可拉斯跟姐姐互相競爭，這點已經得到證實。繼父似乎是善良的好人，但他選擇與尼可拉斯和解的方式並不恰當。如我們推測，繼妹並不是尼可拉斯的敵人。母親與個案之間有所衝突，而且從她描述兒子的語調和方式來看，就能確定她跟尼可拉斯關係不好。我們曉得尼可拉斯想贏過大姐，卻發現大姐實在太強了。尼可拉斯希望母親能協助提升他的優勢，但母親不肯幫忙，他就以打架跟把家裡弄得亂七八糟來打擊她。他靠偷竊來表達自己的沮喪和氣餒。吵鬧跟骯髒是母親最無可忍受的兩件事，所以他專攻這兩點，不過多數十二歲的男孩都很吵，也不愛乾淨。

「繼父經營一家肉鋪，母親領有一筆小額津貼，平常負責主持家務，家中經濟狀況一般。他們住在有五間房的公寓，父母共用一間臥室，兩個女兒睡同一間房，尼可拉斯則睡在餐廳的沙發上。尼可拉斯固定會去上循道宗的主日學校。」

「他出生時一切正常，是個很健康的嬰兒。他在五個半月時斷奶，十歲之前他的體型顯然比同齡孩童小。他在十三個月時開始走路，十六個月後開始說話。目前他已經有手淫的習慣。」

個子小的孩童通常都頗具侵略性，而矮小的體型對尼可拉斯來說可能是一大刺激，使他想跟大姐競爭。我個人認為適應不良、年紀小的孩童之所以會手淫，主要是因為渴望被他人注意，以及想被觀看、被守護，而這也符合我們的推斷：男孩希望母親能更關注自己，他大概覺得母親比較關心大姐。

「他曾到研究所醫院（Post Graduate Hospital）接受精神科醫師檢查，並服用溴化鉀鎮靜劑和腦下垂體藥物。治療目前已經中止。母親說在男孩的父親過世之前，男孩從來沒給她帶來任何麻煩。尼可拉斯是到很後來，她再婚時把他接回家住之後，才變成問題兒童的。」

由此看來，我們不得不相信在尼可拉斯四歲之前，母親對他的管教非常成功。父親死後男孩被送走，母親再婚後又把男孩接回來。繼父之所以未能成功贏得尼可拉斯的信任，大概是因為他把他母親搶走了。

回到母親身邊後，男孩沒辦法妥善適應，因為他在毫無準備的情況下面對新的生活環境。他與母親處得不好，原因是他認為自己之所以變得不像以前那麼受重視，都是母親一手造成的。

「父親過世之後，尼可拉斯被放在嬸嬸家兩個月，家中還有另外兩個小孩。那位嬸嬸抱怨尼可拉斯跟他姐姐都很壞，她還想收取更多照顧費。」

兩個小孩因為處在格格不入的環境中，因此開始鬥爭。

「後來，尼可拉斯被安置在一戶陌生人的家中，家裡原本就有三個小孩。這家人不愛乾淨，提供尼可拉斯跟他姐的食物根本不夠吃。尼可拉斯到屋外上廁所時，跟其他孩子鬧得不愉快、起了爭執。接著他又搬到第三個寄養家庭，那戶人家的孩子不准在屋外玩。母親到寄養家庭探視兒女時，常發現尼可拉斯在床上哭。她真的很想好好善待兩個孩子，每次都會帶禮物去看他們。有位年紀比較大的女孩偶爾會帶尼可拉斯的姐姐出門，尼可拉斯則留在家中。他在這個寄養家庭住了一年半，直到母親再婚為止。」

尼可拉斯不斷被羞辱，在人生的前六年受了不少痛苦的折磨。

「剛搬回家的時候，尼可拉斯哭個不停，多數時間都坐在母親大腿上。」

以上陳述毫無懸念地證實我們先前的假設。男孩想要母親在自己身邊，但怎麼樣都找不到她。現在他終於跟母親在一起了，母親卻又想把他送走。尼可拉斯焦急地想贏得母親的愛、跟她更親近。

「尼可拉斯說：『我想離開家，到一個沒人認識我的地方。』」

為自身權利奮鬥的孩子常講這種話。這句話的意義，跟把自己弄得髒兮兮的或手淫一樣。他其實不想把自己搞得這麼髒，也不想離開家或手淫。他之所以展露這些言行都是基於復仇心。他對自己的現況感到絕望，因為身邊沒有能信任的人，這點絕對錯不了。

「他還說：『我不想去學校了，上課內容跟作業好難。我想回去感化學校，我喜歡那裡。』」

剛開始踏上罪犯之路的人都會說類似的話。你們看，如果個體認為課業或工作太過艱難，就會覺得必須靠偷竊來維生。尼可拉斯正在虛張聲勢，講得好像想當罪犯、想被關進監獄似的。這些說詞顯示他心中有股絕望的憤怒。由此可見，如果想讓尼可拉斯在輔導過程中與我們合作，就得先贏得他的信賴。

「尼可拉斯一大早就衝進房間，要大姐服侍他。他一直大喊要吃早餐、取笑大姐。雖然他通常都對母親很沒禮貌，有時候卻對她非常溫柔。他會跟父親頂嘴、不聽他的話，也拒絕幫他的忙。」

這就是一整幕的家庭戲碼。尼可拉斯大吼要吃飯，其實他想說的是：「我被欺騙了，你們根本沒有好好照顧我。」姐姐跟父親是他的敵人，母親則是復仇的對象。

「他會偷大量食物。」

關於這點我們應該要調查得更仔細。他之所以偷這些食物，是想要自己吃還是分給別人？罹患糖尿病的孩童通常會想偷取大量食物，他們總是感到飢餓、口渴，時常讓家人感到不堪其擾。得知原來孩子是罹患糖尿病之後，家人才會改變原先對待他的態度。

「他跑出屋外，幾個小時都沒回來。他說十三歲的時候就要離家出走。」

這代表他不只是希望遠離自己的家，更想讓母親尋找他的下落，以此占據母親的時間。

「他吃東西的模樣令人討厭。」

這再度證實我們先前提出的推斷。

「直到三個月前，他都被安插在學校的特殊班級中。他跟其他學生打架，故意破壞他們的遊戲。他也會偷其他同學的東西，用不入流的詞彙來辱罵他們。」

我們根本沒辦法期望尼可拉斯當好學生，因為他真正想要的是受到他人寵愛，既然老師跟同學都不讓他扮演他渴望的重要角色，他就想辦法貶低、羞辱他們。他奪取同學的物品來讓自己擁有更多，並透過咒罵其他孩童，來維持心中虛構的優越地位。

「他想重回『同儕性格更為強悍的環境』中。他比特殊班級的同學聰明許多。他對老師粗魯無禮，也很不聽話、難以駕馭、陰沉乖戾、神經質、沒耐性、叛逆、愛爭辯，還會違抗指令。他不尊重威權，老師跟校長都非常痛恨他。上學第一天，他就偷了一輛三輪腳踏車，第二天偷了一顆球。此後偷竊的行為從不間斷，還曾經跟另外兩個較年長的男孩闖進一戶人家行竊。他被送到感化機構，當初是他自己跟法官說想到感化單位去的。」

尼可拉斯不幸踏上罪犯之途，因為他無法好好適應校園生活的規範。承受應受的懲罰時，他甚至感到光榮驕傲。很多被揍或打屁股的孩童都會說：「這根本不痛，我想要被你揍。」為了堅持理想，他表示自己樂意受苦，藉此展現自己具有一定程度的力量。他需要一位知道如何不讓他繼續沉淪的好夥伴。

「他用父親的切肉刀將兩隻貓的尾巴割掉，還把一整車的雞放出來追著牠們跑。他發動一台停得好好的車，讓車從斜坡上方往下滑。有一次，他在一名女士的公寓中偷了二十塊美金。他也從商店跟其他類似場所偷了許多小東西。」

這些罪行清楚顯示他完全沒有社會意識，不管是對人還是對動物都一樣，而且他會用盡一切手段來惹惱別人。當然，從其中一個角度來看，尼可拉斯會這麼做是有原因的，因為他的目標是持續受人關注，以及折磨和懲罰母親、老師跟其他不認同、不偏愛他的人。

「他將閱讀當成消遣，偶爾會去看電影。他沒有朋友。」

以尼可拉斯的情況來看，幸好他沒有朋友，因為如果他很容易就交到朋友，肯定會加入幫派，並在幫派中享受被接納和賞識的感覺。

「他會一個人四處遊蕩、跳上卡車，搭好長一段路之後再坐其他卡車回來。假如在街上碰到其他男孩，他會把他們攔下來，問他們是誰、要去哪裡，通常還會講一些貶低他們的話，最後一群人就打起來。」

他的行為舉止就像街上沒人管的野孩子，還顯露出些許勇氣。不過如果他想當個有用的人，這當然不是最恰當的訓練。

「父母給他錢讓他加入童軍隊，但他立刻就把錢花掉。父親買了很多能打發時間的東西給他，像是腳踏車跟樂器等。還待在特殊班級時，他的成績不算差，在閱讀、拼寫跟語言方面表現很好，但繪畫、音樂跟手工藝就比較弱。他目前五年級，成績不盡理想。除非母親或姐姐幫忙，不然他不願意寫作業。他從來不曾要求父親協助課業。在不同時期，他測出來的智商都不太一樣，但數值都落在八十五至一百零三之間。」

這段陳述再度顯示他將父親視為家中主宰。而且，他只會在自己詳細指明的情況下寫作業。智力測驗結果的數值差距這麼大，由此可知智力測驗不具備絕對參考價值。

「家人抱怨他每天都會惹麻煩。每次都被警察帶回家，家人已經受夠了。他的行為不斷引發鄰居抱怨，大家都把所有事情怪在他身上。姐姐說尼可拉斯讓她感到丟臉。尼可拉斯抱怨家裡太擠，父親派給他太多工作。他討厭家裡、討厭學校，也不喜歡整個城鎮。老師希望能將他送回特殊班級。班上同學都會嘲笑、辱罵他，還會跟他打起來。校長試著以和善的態度來與尼可拉斯互動，好讓他能乖乖配合，老師更試著燃起他對運動的興趣。雖然師長以殷切、友善的態度來與尼可拉斯應對，但他並不領情。」

男孩成功達成人生目標，順利造成他人的困擾。不過我發現老師跟校長的做法都是對的。如果班上有某個男同學能贏得他的信任、跟他成為朋友，跟同學打架的現象或許就會消失。

「他希望能好好閱讀，別人都不要來打擾。他說其他男孩都會來煩他。除了晚上回到家之後的時段，大家都不曉得他平常是怎麼消磨時間的。有位老師開車載尼可拉斯兜風一整天，晚上還讓他跟自己的朋友共進晚餐。尼可拉斯表現得非常親切和善，也很願意主動幫忙，甚至在大家臨時決定一起吃飯時幫忙擺放餐具。」

由此可知他偶爾也很容易卸下武裝。不過我們得找出一套方法，讓他能持續有這種表現，而不是偶一為之。

「以下是尼可拉斯的童年回憶：他記得自己開口跟父親討一分硬幣，之後父親就繞著桌子追他跑。他看見大姐跟另一個女孩在街上打架。」

如果這是他的第一份記憶，那他的親生父親可能對他不是太好。姐姐跟其他孩童打架的這段回憶印證他內心的感覺，他認為姐姐是好鬥的女孩，而他倆之間的口角與爭執都是姐姐的錯。

「他記得自己因為不想參加父親的葬禮所以躲在花店後方。他也記得姐姐火葬的過程，她躺在棺材裡，打扮得整整齊齊。」

死亡顯然在他心中留下深刻印象，但我們難以分辨他之所以拒絕參加父親的喪禮，是因為父親的死令他難過，還是因為他想復仇。要是男孩說他想當醫生我也不覺得意外，許多經歷過死亡的孩子都想當醫生。

「晚上睡覺時，尼可拉斯會做夢、大叫，有時還會出現夜驚的狀況，在睡眠中突然放聲尖叫哭喊。有時候他說他夢到自己到一間葬儀社去，坐在一張柔軟舒適的床上。葬儀社的人說：『下來，這是我幫死人穿衣服的地方。』接著他跑到某間房間，裡頭全是死人躺在床上。」

晚上尖叫哭喊是一種手段，用來說服母親他需要她陪，不然他沒有勇氣獨自面對黑夜。死亡這個主題在夢中反覆出現，顯示死亡始終隱約存在於他的心智中，是一種或許能解決他的問題的辦法。畢竟，對未來徹底絕望的男孩最後只有三條路可走：流浪漂泊、自殺以及犯罪。

「他有時會夢到壁爐上的那一小幅肖像張開雙眼盯著他看，那雙眼睛越睜越大，爆出一團火焰，最後消失。有幾天晚上，他看見有人從窗外往屋內看，但他只看得到那些人的頭頂跟眼睛。」

這些夢相當有趣，顯示出他認為自己不管白天黑夜都被敵人環繞。他訓練自己感到害怕，這樣就能放聲哭喊、呼叫母親，進一步印證自己心中的感受：我很膽小懦弱，連我媽都不關心我。

「他想加入陸軍或海軍，不過只要給他任何工作他都願意做。他不想當律師，因為要成為律師得讀很多書。他說他永遠都不會成為屠夫或醫師。」

他說他不想當醫師，代表他其實已經有稍微考慮過當醫師的可能性了。不過最後他覺得這個念頭太荒謬，因為他的課業一點起色也沒有。他也不想當屠夫，因為繼父就是屠夫，而他討厭繼父，不過這也有可能代表他已經克服殘暴的傾向了。如果男孩最後選擇當罪犯，我想他應該不會成為殺人犯，比較有可能去偷盜或搶劫。

「他想當旅行推銷員，四處看看這個世界。」

老師對個案的詮釋如下：

「雖然從各方面來看，母親對尼可拉斯非常和善親切，但我認為她將尼可拉斯視為一大麻煩，迫不及待想擺脫他，深怕他會破壞自己的幸福婚姻。她活在恐懼之中，深怕男孩會變成禍及家庭的嚴重問題，使丈夫對整個家庭狀況感到厭倦，使她得在丈夫和孩子之間做選擇。尼可拉斯已經答應我，說他不會再大吼大叫要吃晚餐，也確實有遵守諾言。他也承諾每週會到繼父的店報到一次，幫忙運送包裹。但他只有第一天有做到，後來就再也沒去店裡了。」

我們已經讀完個案的病歷陳述，我認為老師對母親心智狀態的解讀完全正確。我們似乎已經非常熟悉尼可拉斯，彷彿已經認識他很久那樣。我們發現他目前處在非常危險的狀態，不過我們知道我們能夠勸解他，因為老師已經順利跟他締結友誼了。我們現在必須幫男孩找個朋友，這樣他就不會一直在學校裡跟同學爭執打鬥。他認為姐姐受到更多疼愛，我們必須破除這項誤解。我們必須向尼可拉斯解釋，讓他知道為什麼身為次子的他會這麼野心勃勃，也要讓他知道為何他無法原諒母親再婚。我們必須試著說服繼父，請他更努力協助男孩，把他當成好兄弟、好夥伴來對待。學校老師扮演非常關鍵的角色。我常常提醒你們，孩童的犯罪傾向必須由學校和老師來遏止。學校必須成為社會進步的核心，從邏輯上來看，學校當然是社會改革的源頭。我們得試著在訪談時說服母親，讓她了解其實尼可拉斯認為自己不受他人賞識，因此她不能懲罰他，也不該用警察來威脅他，而是讓他覺得自己是家中不可或缺的一分子。而在社會適應上可能也有些問題的姐姐，也必須放下好鬥的態度，不再與尼可拉斯針鋒相對。

個案會議

母親走進教室。

阿德勒：我們想跟你聊聊你兒子。我們仔細評估他的病歷之後，認為他並不是希望渺茫的個案。我們發現他其實是個聰明的男孩，如果能找出他早年教育過程中的過錯並加以改正，他就能成為好孩子。我相信你一直以來都很努力想導正尼可拉斯，不過你要知道，其實尼可拉斯覺得自己受到差別待遇，他也用盡辦法把這種感覺告訴你。尼可拉斯的姐姐是個好學生，各方面都不斷進步，我認為你應該要讓尼可拉斯相信，其實你愛姐姐跟愛他一樣多，我想這會是個不錯的辦法。我們發現你兒子認為姐姐明顯占有優勢，他覺得自己比不上姐姐，所以感到灰心絕望。正因如此，他才會想製造麻煩，惹惱你跟全家人。

老師非常了解尼可拉斯，也已經讓他知道該如何交朋友跟改善課業成績，我相信家人也能扮演同樣的角色。一開始，你可以將尼可拉斯當成值得信賴的對象。「我們想買一本書給你妹妹，你知道有哪本書適合送她嗎？」，或是「你也想要有自己的房間嗎？」」，還有「今天午餐想吃什麼？」」。透過這種方式，尼可拉斯就會覺得自己受到重視。你也必須勸說尼可拉斯的姐姐，請她不要再跟尼可拉斯爭執。她必須知道弟弟認為你比較偏愛其他孩子，覺得自己在家裡的痛苦處境已經無法改變，所以整個人失去希望了。

母親：他的行為太差勁，沒有人喜歡他。

阿德勒：他再次搬回家裡住的時候，大概希望能一個人占有你，卻發現大姐跟繼父已經取代他的位置了。這就是一切問題的開端。你是非常親切的母親，大概在一開始，也就是他還在你身邊時，你知道要怎麼跟尼可拉斯友善地互動。後來他搬回家裡，開始出現各種麻煩時，你不曉得要怎麼跟他應對。你迫切希望將他導正成好孩子，罵他罵得太過火。假如是朋友犯錯，我們也只會笑一笑，溫和地提醒他剛才犯了錯，而不是被惹惱或開口斥責。假如你覺得這樣會有幫助，我可以跟他談一談，跟他解釋他以前犯的一些過錯。我會試著說服他，讓他知道你其實也跟愛其他小孩一樣愛他。你的功課在於要讓這個家對他來說更具吸引力，而每位家庭成員也得試著去撫慰他。老師跟我當然也會幫忙，但你必須要保持耐心，因為輔導治療會花上一點時間。尼可拉斯身處的困境非同小可，但我們不能讓他知道這點。你絕對不能跟他說：「你的下場會很慘。」他已經失去勇氣了，只想過輕鬆的人生。鼓勵他勇敢面對人生，這就是你的責任。

男孩走進教室。

阿德勒：你好嗎？過來坐在大家中間吧，告訴我們你最喜歡做什麼。

尼可拉斯：我想去西點軍校，可以騎馬，身上帶一把槍。

阿德勒：要騎馬的話，也可以去牧場或農場啊？

尼可拉斯：不行，農場的馬太肥。

阿德勒：你喜歡跑得快的馬，或是賽馬嗎？你有在跟姐姐比賽，看誰能領先嗎？

尼可拉斯：對。

阿德勒：我認為你還不夠勇敢。姐姐在學校是個好學生，但是我覺得你好像已經失去當好學生的信心了。老師相信，如果你能花更多心思在課業上，一定也能當個好學生。我覺得你很聰明，如果努力嘗試的話，一定能成為班上最棒的學生。雖然這要花一點時間，但絕對做得到。你沒辦法馬上到西點軍校唸書。如果想進西點軍校，要認真讀書才行。假如想進那間學校，最好的辦法是勇敢面對現在學校裡的任務。如果你沒有朋友，在西點軍校也會很寂寞，所以你可以先開始在學校裡交些朋友。跟同學相處的時候，不能只是跟他們打架，一定要跟他們交朋友。

或許你覺得媽媽不夠愛你，覺得姐姐不關心你。但是我知道其實媽媽很愛你，我也會告訴姐姐，請她不要一天到晚跟你打架。如果我是你的話，我會跟繼父當好朋友。他是非常親切、善良的人，也根本不討厭你。你媽媽很愛繼父，哪天等你長大了，也會有個女孩愛你、想嫁給你。媽媽喜歡繼父，不代表她就不愛你了。她也很愛妹妹跟姐姐，你跟他們一樣都是這個家的一分子。如果你能多幫媽媽一點忙，她跟姐姐肯定會更喜歡你。我建議在下禮拜之內，你只能做兩次別人不喜歡的事，然後再回來這裡找我。你做得到嗎？

尼可拉斯：可以。

【第七章】絕食抗議

今晚評估的個案是貝蒂（Betty），她今年六歲，主要問題是沒辦法好好吃東西。她在進食方面的困難，與她對周遭環境的態度成正比。如果所處環境不合她意，她就會格外憎惡食物，這是被寵壞的孩子的特色。另一方面，我們也必須謹慎排除其他器質性疾病的可能，像是肺結核、軟骨病，或是其他會導致孩童食慾不振的傳染性疾病。有時兩歲半的小孩具有的症狀，也會出現在適應不良的孩童身上。檢查這些適應不良的孩童，會發現他們確實出現明確的生理變化，因此食慾不振完全是有道理的。輔導、治療孩童者都必須具備醫療經驗，未經訓練的心理學家跟社工必須非常謹慎，以免在診斷時犯下危險的錯誤。不過，聽到貝蒂對食物的反感，會隨著她對外在環境的態度而有所改變，我們就能推斷這其實是心理問題而不是生理問題。

「跟母親在一起時，她的情況會變得特別嚴重。女孩未曾迫不及待地想吃東西，吃飯時總是慢吞吞、拖拖拉拉的。用餐時，她會把幾口食物塞在腮幫子中，必須吞嚥時總是看起來相當痛苦。」

由此看來，貝蒂渴望能更依賴母親，獲得她的關愛與呵護，這絕對錯不了。或許母親一開始對貝蒂極盡寵愛之能事，後來發現這種方式不正確，就終止這種做法。當然，頓失崇高的地位令貝蒂心生怨恨，加上母親不斷強調進食的重要性，貝蒂因此攻擊她的這項弱點。孩童只有在罹患嚴重腦部器質性疾病時，才有可能無法吞嚥，但這種情況相當罕見。有吞嚥困難的孩童與成人，通常都是想在用餐時間吸引他人注意。他們看起來彷彿身陷險境，用盡全力試著吞嚥，成功讓同桌吃飯的人感到驚恐，不過旁人很難告訴當事人該怎麼吞嚥。

「早餐是最糟的一餐，大人幾乎沒辦法強迫她進食。」

我不知道我的解釋是否正確，但對我來說這似乎是孩童的晨歌。貝蒂彷彿是在暗示母親，讓母親知道接下來一整天她還得面對哪些難題。許多精神官能症的症狀在早晨都特別嚴重，憂鬱病（melancholia）尤其如此，病患彷彿是想重申自己的疾病。孩子拒絕吃早餐，這對父母來說最為困擾，因為他們認為孩子的健康會受影響。想看出貝蒂是如何逐漸獲得力量，以及如何利用拒絕吃飯這個手段來開始支配整個家，其實一點都不難。她的目標似乎是支配整個家。如果想知道她為何選擇這個目標，就得了解她在家中的地位。我先猜她是獨生女，而基於某種原因，支配全家對她來說非常重要。

「有很長一段時間，她會以嘔吐和挑食來抗拒用餐。如果強迫她吃飯，之後她就會吐。她最近一次嘔吐是學校的一起事件所致。老師堅持要貝蒂吃下她不願意吃的某樣食物。貝蒂覺得這很不公平，因為其他食物她都已經點兩份了，而且她已經在學校跟在家用餐有好長一段時間了。」

我常堅持不能強迫孩童吃東西，因為他們比大人還堅決強硬。從這份陳述來看，貝蒂的老師相當嚴格。孩子的反抗碰上強硬的管教，這比家中不嚴謹的紀律還糟糕。在過去，如果有人因為神經緊繃而暈厥，普遍的應對措施是朝他潑冷水或大聲吼叫，通常這樣就能解除暈眩的狀態。但懷抱不當野心的個體無法靠疾病發作來達成個人目的時，就會尋找更有效的辦法。我記得有位野心勃勃、控制欲強的女人，她無法忍受在車流繁忙的街道上跟丈夫一同駕車。只要她感到害怕或煩躁，就會抓住丈夫的手或方向盤，藉此阻止或妨礙他駕車。每次只要她這麼做，丈夫就會開得更快，後來她才發現自己阻止不了丈夫。你可以將此稱為治療或處理方法，但這令我想起戰時很普遍的一種療法。士兵開始歇斯底里、顫抖，或是說不出話時，醫生通常會用電流來電擊他。士兵要不是停止顫抖，就是開始大吼大叫。這並不是治療手法。只要使用蠻力，就能輕鬆使源自心理態度的生理症狀消失。不過個體的行為模式並未因此改變。個體總能找出另一種方式來扮演那虛構的優越角色。要消除貝蒂挑食跟嘔吐的行為並不難，但往後她又會發展出其他症狀。

「個案還有另一個次要問題。過去兩年來，她越來越不合群、孤僻，越來越喜歡與他人針鋒相對，其中包含她的母親。她拒絕跟人打招呼。」

我們先前已經推測出她攻擊的首要對象是母親。拒絕跟人打招呼是相當常見的症狀，背後的原因也非常有趣。這種行為跟個體之間互相打招呼的由來密切相關。對於許多想支配成人環境的孩童來說，在街上跟老師或其他人打招呼相當困難，因為他們認為行禮致意是臣服的表現。舉例來說，在維也納，打招呼不僅隱含臣服之意，更清楚表達出行禮者的屈服。打招呼時我們常說「Servus!」，這個招呼詞的意思其實是「我是你的奴隸」。我想這個招呼用語最早可追溯至羅馬時期，當時奴隸必須向主人摘帽致意，並說：「我是你的奴隸。」不過在美國，打招呼當然是一種友好的表現。

「碰到人的時候，貝蒂不會自然、有禮貌地和對方交談，說話方式通常比較粗魯、沒禮貌。她經常想像自己被委屈或冤枉，一下子抱怨這件事，接著又對另一件事發牢騷。目前她似乎不願意體驗新事物，不想面對新的狀況，也拒絕認識新朋友或與陌生人接觸，不管對方年紀多大都一樣。不過如果她興致一來，想跟陌生的孩童一起玩，就會讓其他人替她進行初步接觸。」

這段陳述進一步證實女孩缺乏社會情懷。

「她看起來想很多，常常希望能長時間保持安靜，趁這個時候沉思。安靜沉思之後，她常常會提出非常有深度的問題。」

其他心理學派，尤其是蘇黎世的榮格（Jung）心理學派，認為這種沉思狀態顯示孩子具有內向性格。這位女孩確實內向，但這並不是與生俱來的狀態，我們也有辦法分析這種習性是如何由人為後天培養而成的。貝蒂脫離人群，並未與同伴建立連結，因此除了沉思她沒有別的事可做。如果女孩喜歡與人相伴，也具有強烈的社會情懷，榮格就會說她是外向性格者。不過這只代表她接受了適當的教育，而且在她的成長環境中，她能夠感受並發展出社會情懷。我不認為內向跟外向是固定不變的特質。

「貝蒂很喜歡戶外跟大自然，時常要求到鄉下去住。景色特別優美時，她會興致高昂地說：『這世界真美！』」

孩子如果性格合群同時又喜歡大自然，那實在是非常幸運。不過貝蒂對人興趣缺缺，我認為她之所以親近大自然，並不是出於勇氣，而是基於她的弱點。這種對大自然的愛好也會出現在某群人身上，他們害怕進行社會接觸，選擇住在某些小島或森林小屋中，徹底與人群隔絕。

「不過某個陽光和煦的上午，當她似乎深受清新的空氣與環境的美所觸動時，卻刻意表態：『我喜歡發脾氣。』」

這點再度顯示她無法建立社會連結，因此發脾氣就成了少數她還保有的活動領域。發脾氣也是最能惹惱母親的方法，所以貝蒂喜歡發脾氣。

「父母說她出生後就有進食方面的問題，其他困擾則是最近才出現。」

這單純顯示貝蒂改變她的手段了，但整體情形仍與以往相同。

「貝蒂一家目前的家庭成員有母親、父親跟身為獨生女的她。父母非常相愛，這段婚姻可說是真正幸福美滿的結合。不過父母的經濟壓力，以及母親娘家長期處於受疾病折磨的困境，還是讓貝蒂一家瀰漫著相當緊繃的氛圍。母親與娘家互動相當密切。父母的個性都很容易激動，偶爾會突然感到非常憂慮焦躁。」

獨生子女通常會要求成為大家關注的焦點，渴求大家注意的心態比大家庭中的孩子還要強烈。我們先前也已經分析過，孩子發現父母親深愛彼此之後，會覺得自己受到差別待遇。父母婚姻不睦時，孩子則會在適應方面出問題，但我們也不能堅稱幸福的婚姻是養育孩子最重要的關鍵。在理解孩童與父母的關係之前，我們必須先考量家庭成員之間的相對關係。

關於貝蒂與母親之間的衝突，我們現在已經獲得更多線索。母親專注於照料罹病的娘家親人，這確實分散她對貝蒂的關注。父母爆發憂慮焦躁的情緒，對孩子來說總是特別難熬，野心勃勃的孩子更是難以適應，因為他們已經習慣站在舞臺正中央。只要父母特別感到憂慮焦躁，貝蒂就沒有機會展現自己的優越地位。由於缺乏社會情懷，所以她已經無法順利跟外界群眾互動往來，而家中緊繃的氣氛，也把她在家中的路給封死了。唯一能讓她展現優越地位的方法，就是維持挑食的習慣。

「父親是作家，母親專門做生意。夫妻倆的收入剛好能應付家庭開支。他們的公寓有四個房間，採光非常明亮。父母同睡一房，女孩則獨自睡在自己的床上，不過她跟女傭共用一房。奶奶打從一開始就過度關心孩子的飲食和體重，一天到晚在孩子聽得到的情況下討論這些事。她將自己的恐懼強加在女孩父母身上，使女孩的父母也感到擔憂。」

又出現一項障礙。奶奶或外婆通常都會過度縱容孩子，讓孩子的母親身陷兩難。貝蒂的母親更是尷尬，因為她面對的是婆婆而不是自己的媽媽。我們能大膽假設貝蒂的奶奶跟媽媽彼此不合。奶奶的態度更讓貝蒂感受到食物的重要性和意義，也讓她相信吃東西是世界上最重要的事。

「奶奶始終對母親抱持批判的態度，就連在孩子面前也是如此。母親認為貝蒂之所以對她這麼吹毛求疵、不友善，都是受到奶奶的影響。」

孩子如果想靠獲取注意力來支配自己的家庭，自然會站在奶奶這邊，因為奶奶親切和善、擔心自己的孫女，認為孫女並未得到足夠的呵護與關注。雖然奶奶的角色舉足輕重，但她應該不是貝蒂適應困難的唯一原因。

「女孩出生時一切正常，喝母奶喝了七個月才斷奶。斷母奶後，因為喝了成分不純的牛奶，導致腸道嚴重不適，花了很長一段時間才痊癒。她的發展過程也很正常。十四個月大時能走路，十五個月大時開口說話，她一開口就能說出完整的句子，還會使用名詞複數。」

女孩在幼年時曾有腸道不適的問題，由此可知為何他們家這麼注重飲食。其他資訊也很重要，我們能從中發現女孩非常聰明。

「她的生活習慣也很好。她很愛乾淨，不過很沉溺於吸拇指。父母費了好大一番工夫才讓她改掉這個習慣。」

一般來說，吸拇指是吸引注意力的手段。要讓貝蒂戒掉這個習慣大概相當困難，因為她覺得透過吸拇指就能輕鬆吸引目光，讓別人不斷守著她、看顧她。不過，其他學者對吸拇指有不同看法。佛洛依德學派認為吸拇指是一種與性相關的情結，是一種性慾倒錯。另一種比較合理的解釋，是由紐約兒童諮商機構（Institute of Child Guidance）的大衛・M・利維（David M. Levy）醫師所提出。利維醫師發現如果孩子在吸母奶時，母親的奶水非常充沛通暢，孩童較無法適當運動口腔以及下顎，吸吮拇指就是一種補償。雖然我認為利維醫師的解釋確實有可能是孩童吸吮拇指的原因之一，但我相信只要孩子發現自己因為吸拇指而被他人注視和觀察，就有可能養成這種習慣。

「把貝蒂的手綁住時，她就會開始吐。」

換言之，她用另一種方式證明自己比較強硬。佛洛依德會說貝蒂之所以嘔吐，是因為想壓抑自己的性慾。

「母親已經不記得貝蒂第一次嘔吐是為了抵抗束縛，還是因為食物而吐。只要行為受到限制，她總會激烈反抗。」

有支配欲的孩童痛恨限制與束縛，這並不難理解。這種孩童不會因為受罰而有所改變。

「貝蒂還不到兩歲的時候，父母威脅要把她的玩具收走，她說：『沒關係，我不需要玩具，我可以看窗外，我可以想事情。』」

女孩輕而易舉就能維持想像中的優越目標。那句話顯露出她的得意，她因為自己是比較強硬的一方而自豪。

「她家的社會位階屬於中上階層。父母的朋友主要都是專業人士。女孩比較願意聽父親的話，跟父親的關係也比較緊密。父親愛撫母親時，女孩會發出明確的抗議，例如『你也要親我』或是『我也要抱抱』。」

貝蒂顯然認為父母對彼此的愛會壓縮到他們對她的愛。

「母親必須上班，因此貝蒂在兩歲半時被送到一位褓母那裡長達幾週，希望能讓她不要這麼依賴、黏著母親。褓母受過專業、完善的訓練，態度也很和善親切。父母也希望能順便藉著把貝蒂交給褓母來改善餵食的問題。在把貝蒂送到褓母那裡不久前，母親因為娘家親人生病必須回去照顧他們。在母親離家的這段期間，貝蒂極度難過沮喪。」

溺愛她的母親突然消失，貝蒂當然難以理解。對孩子來說這是真正的悲劇。

「被送走時，她默默難過了幾天，最後還是接受自己的處境，看起來也已經適應了。」

「看起來」這個詞用得非常正確，因為從後續的行為發展來看，貝蒂從來沒有原諒母親。

「母親認為女兒始終記得那次強迫分離，而且也還沒原諒他們。父母把她從褓母那邊接回來之後，又立刻把她送到一所實驗性的私立學校。」

母親似乎了解貝蒂的情形，但不知該如何補救。

「她拒絕上學，反抗相當劇烈。她悲痛地大哭，拒絕吃東西，甚至還嘔吐。這種情況持續了三個月。」

貝蒂在抗議時展現非常強大的力量。從某個角度來看，我覺得這是非常樂觀的徵兆。假如我們能將她的力量導向有用的管道，她就能成為領導者。

「女孩後來突然宣布她會去上學，而且不會再哭了。從此之後，上學就不再是困擾。今年是她在幼稚園的第三年，她在學校還頗受歡迎。」

她突然改變對上學的態度，原因只有兩種：要不是她找到更能處理學校問題的方法，就是她發現一種對自己更有利的情況。對同學興趣缺缺的她竟然能受到歡迎，這實在令人意外。不過，許多被寵壞的孩子都能發展出一種吸引他人的絕妙技巧，或許這就是貝蒂受歡迎的原因。

「最近年紀稍大的男孩都明顯被貝蒂所吸引，貝蒂也盡情揮灑她的魅力。她的吸引力超乎尋常，老師都很想搞清楚她到底是怎麼讓男孩對她傾心的，但老師怎麼樣都學不會她的手段。」

這證實我們的推斷，顯示她的手段很高明，能讓別人來寵愛、關照她。她吸引男孩的方式，應該就是她用來博得父親好感的手法。

「前兩年夏天，貝蒂都會去參加學校某位老師舉辦的夏令營，每次都得離家長達三個月。去年，除了夏令營之外，貝蒂跟另一個孩子以及孩子的父母共同外出旅遊兩週。她表現得非常乖巧守規矩，那個孩子的爸媽都對她讚譽有加。不過，她每年都會事先聲明自己不想離開家，今年她也這麼堅持，但每年她還是高高興興地去參加夏令營。」

更多證據顯示貝蒂知道如何讓別人喜歡她。陳述中提到她表示不想參加夏令營，但她大概只是想藉此讓父母感到困擾。

「今年她堅持要和母親一起外出，跟其他同學一樣。」

她想跟母親相處，這是她內心燃燒的烈火。她非常有技巧地責備母親：「我的同學都會跟媽媽出去，我也想跟你一起出門。」

「她的休閒娛樂很一般。她不會跟街上的孩子玩在一起，因為她每天要到下午四點半才會離開幼稚園。她喜歡彈鋼琴，在這方面也有非常顯著的天分。雖然沒有正式上過鋼琴課，但她已經能譜出一些非常優美的曲子。老師說如果她努力嘗試，每件事都能做得非常好。老師也發現她對自己的課業跟表現非常敏銳。除非她覺得自己勝過他人，否則無法安心。假如擔心自己無法展現優勢，她就會拒絕做事或玩樂。」

貝蒂在學校的行為無可指責，因為對她的野心和自尊心來說，任何責備都會是莫大侮辱。

「她覺得自己少了弟弟或妹妹，抱怨在家裡都沒人陪她玩。雖然她會把朋友找來家裡，但朋友一離開，問題就又來了。她也一直強烈抗議，不希望母親出門上班。」

我不覺得她是真心想要弟弟或妹妹，或許她很篤定父母不會再生個弟弟或妹妹給她了。她的抱怨應該被解讀成對母親的指控。她非常希望母親能待在家，完完全全歸她一人所有。

「女孩利用哭泣、懇求和指控等方式來將母親留在家中。舉例來說，她會說：『如果你留在家裡，我就會跟你當朋友。』以她的年齡來說，她的日常作息非常正常。目前看來她睡得很好，不太做夢，只有幾次突然從睡夢中大叫醒來，說老虎跟獅子爬樓梯上來了。」

貝蒂終於找到一個方法，讓父母在夜裡感到煩躁、不得安寧。老虎跟獅子恰好能滿足這個目的。

「母親每天早上帶她去上學，父親也常打電話給她。打從嬰兒時期起，女孩的興趣就是觀察旁人的反應，其他事她幾乎不在乎。孩童與成人的反應她都觀察，而這個習慣明顯到有時她甚至會刻意激起別人的反應，只為了加以觀察和評論。她很快就能正確點出觀察對象的脾性和特質。她顯然極具邏輯思考與分析能力。」

這代表什麼？貝蒂顯然是在模仿父親。身為作家的父親，必須時時刻刻觀察旁人的一舉一動。很多人都有一項迷思，認為女性不具備邏輯思考與分析能力，但貝蒂的例子證明此說法是錯的。只要有需要，任何女性都能發揮邏輯思考與分析能力，貝蒂就是最佳例證。

「她發明以下遊戲。貝蒂是法官，其他玩伴則扮演警察。這些警察逮捕一名裸女，將她帶到法官貝蒂面前接受審判。接著，法官貝蒂作出以下判決：『處置裸女的唯一辦法就是電刑處死。』」

這個遊戲意義深長。首先，我們能從這個遊戲看出貝蒂已經知道兩性的區別。再來，她已經發展出自卑感了。遊戲中出現的是裸女而不是裸男。這是貝蒂的男性傾慕（masculine protest）。這項指標同時顯示出她痛恨當女人，以及想當男人的渴望。她會模仿父親，這點我們不用感到意外。她的壯志雄心不符合她對女性角色的理解。

「對貝蒂來說，裸體沒什麼好大驚小怪的，露營時她都會一直看到其他孩童裸體。如果父母在洗澡時貝蒂剛好走進浴室，他們也不會特別遮掩。」

貝蒂無法容忍的不是裸體，而是女人。

「有好長一段時間，她都說想聽關於邪惡的動物或人的故事，良善的故事對她來說一點吸引力也沒有。」

關於邪惡的動物的故事，很有可能是不錯的素材，能讓她在夜裡拿來煩母親。沒有社會情懷的個體，比較傾向認為人性本惡。多數主張利己主義的哲學家也支持這種論調。具備社會情懷的人通常比較寬容、仁慈，也會試著去理解使人變壞的因素。另外，好人的故事讀起來其實不怎麼有意思。有位好好先生每天早上起床時臉上都掛著笑容，總是對家人說好話，面帶微笑去上班，下班時會帶禮物給孩子、買花給太太，為人總是親切、窩心跟彬彬有禮，這種故事不會有人想讀的。不過如果故事主角是位殘酷、不替他人設想的壞人，讀者可能就會感興趣。

「貝蒂最近以非常戲劇化的方式威脅同學，她說：『如果你不這樣做的話，今天晚上我會讓你得流行性感冒。我會讓病毒從窗戶飄進你房間，到時候你就會死。』最後連她自己也信了這個故事，堅持一定要把房間的窗戶關起來。」

「你就會死」這句話，顯示出貝蒂非常努力施展魔力。她開始扮演如神一般的角色。她想要支配生死，如果有人不聽她的話，她就要對方死。貝蒂的人生悲劇就在於此。缺乏社會情懷的現象以及支配的態度，最後都會反過來將她吞噬。揮舞這把利劍的人，最後也會被其毀滅。這就是生命殘酷的邏輯。

我被告知貝蒂今天晚上生病了，所以我們只能跟母親對談。我不確定是否能說服母親接納我們的觀點，但我們的任務是向她說明整個情形，她再將我們的分析轉述給貝蒂聽。其實在許多方面，母親的行為和決定都非常正確，她也了解貝蒂的行為的連貫性。她必須讓貝蒂知道，其實吃東西並不像奶奶想的那麼重要，但她解釋的方式也不能讓奶奶受傷。舉例來說，她能對貝蒂說其實奶奶是好意，但她對這方面的了解還不夠深入。貝蒂應該結交更多朋友，也要鼓勵她訓練自己，成為同伴之中優秀的領導者。

個案會議

母親進入教室。

阿德勒：仔細研究過你女兒的情況之後，我們發現她是個非常聰明、很有前途的女孩。從各方面來看，你對她的行為舉止也有非常精闢的見解。我覺得當時你忙著處理娘家的事情時，貝蒂似乎覺得自己被你拋棄了，也一直沒有釋懷。她還不曉得自己的人生目標就是懲罰你，因為你把她拋在一邊。不過，我覺得如果你好好跟她談這件事，就能讓她相信你們還是很親近的。

母親：其實我已經跟她聊過很多次，但是她都意興闌珊。談到這件事時，她的態度跟表示都很抽象，同時也非常情緒化、非常怨恨，以至於沒辦法理智思考。她對於我現在的工作很不滿，會說：「你為什麼不在我學校找份工作？」我告訴她說她學校沒有適合我的職位，而且在那裡上班薪水也不夠高。

阿德勒：我建議你告訴她，說你會試著這麼做十四天，但是這十四天的薪水不夠高，沒辦法把她餵飽，看看她能不能接受餓十四天。我不覺得她會接受這種做法，因為我發現吃東西對你們一家人來說格外重要。

母親：這倒是真的。

母親談及流行性感冒，提到女孩喜歡觀察其他人。

阿德勒：她對流行性感冒的恐懼，其實是為了讓你知道她真的有辦法讓玩伴感染流感。你可以這樣對她解釋。另外，你還能告訴她，其實從嬰兒時期開始，她就想成為大家注目的焦點。

母親：我也試過跟她講道理，情況確實是有一點改善，但目前又碰壁了。

阿德勒：你可能沒有找到正確的說法。帶她出門走一走，以親切和善的方式告訴她，當時不得不和她分開，其實你心裡也非常難過。讓她深刻體會到其實你也希望能盡量和她相處，再請她不要鬧脾氣，好好想一想，假如她也得養家，難道她不會去上班嗎？再來，提醒她家裡只有她一個孩子，並點出她為了支配整個家，所以刻意在吃東西的時候製造麻煩。你可以說其實你也不確定是不是如此，但你很希望能跟她討論。

母親：最近家裡有些人因為肺結核跟其他疾病過世了。自從這些親人離開之後，她在吃東西的時候就非常不配合，而且她很清楚自己到底在幹什麼。她會說：「如果今晚不吃飯，我一定不會死。」

阿德勒：她只是想惹惱你，讓你把心思都放在她身上、為她的健康擔心。她真正想說的是：「我不吃東西，難道你不怕我會死掉嗎？」她知道你會擔心，會逼她吃飯。

母親：不過她在吃東西方面的問題比較沒那麼嚴重，她的其他反應反而比較令人擔心。她對自己的夥伴跟朋友一點興趣也沒有。

阿德勒：我認為最能解決這項困擾的場域是學校。老師會把她當成自己真正的朋友，跟她聊一聊，讓她知道如何帶領其他孩童，告訴她正確的領導方式是協助他人，而不是透過支配和攻擊。如果你想要的話，也可以跟她談一談，但絕對不要批評她。我相信你懂我的意思。她的人生目標是惹惱你，這種現象常發生在獨生子女身上。假如他們曾經一度備受寵愛，後來又被拋棄，激怒父母的渴望就會更強烈。我們必須讓她變得更合群、更關心在乎他人。最好的做法是不時以和善的方式給她一些提示，讓她知道如何融入群眾。貝蒂很喜歡思考，她一定會懂的。她應該知道自己永遠會是獨生女吧？

母親：沒錯。

阿德勒：你看，她真的很聰明。她知道自己能祈禱有個弟弟或妹妹，同時也很清楚禱告不會成真。你有注意到她其實比較想當男孩嗎？

母親：有，她覺得男孩比較自由。

阿德勒：她覺得自卑，所以才會奮力抗爭、對人惡言相向。不過我相信她絕對是個好女孩。如果她開口罵人，可以告訴她罵人不是什麼明智的行為，而且優秀傑出的大人也不會口出惡言。跟她互動的時候要更隨興自在一些，你也要更放心信任她，可以詢問她對家裡的小事有什麼意見，把她當成大人看待，讓她覺得自己能透過承擔責任、和善待人，來提升自己的重要性。一定要讓她知道她一直試著支配全家，表明你跟你先生從來就沒有試著控制這個家。家人應該要互相合作幫忙，我為人人、人人為我。

母親：我覺得這是個好辦法。

【第八章】

跟隨領袖

今晚我們要來評估麥可（Michael）的病歷，他今年十二歲八個月大，曾在幾場竊盜案中被警察逮捕。他加入一個組織架構粗略的幫派，幫派老大是一名十四歲的男孩，他會教幫派中年紀較輕的男孩偷東西。

我們的第一印象是麥可肯定對自己的生活環境很不滿意。假如幫派老大能唆使麥可偷東西，那他在幫派中的地位，顯然比在學校或家裡更高。紀錄提到：

「他偷竊的行為持續了好一陣子，直到幫派老大『巴迪』被送到感化院為止。那大概是兩年前的事。現在巴迪重返社區，那群男孩又被抓到犯下幾場竊盜案。」

男孩不會自己一個人去偷東西，這項事實非常重要。他是幫派的棋子，被幫派所濫用。老大或許對麥可阿諛奉承，壯大他的自我意識，或者麥可是那種頭腦不好，或接近低能的孩童，盲目地順服他們公認的領袖。研究犯罪案件的人都曉得，每個幫派都有這類成員。他們是受人操控的魁儡，偷東西其實也是由他們負責。麥可或許並非頭腦不好，但是極度依賴他人。他希望當別人的手下，並且在盲目遵從首領指令時獲得某種扭曲的優越感。

「麥可曾被送到少年法庭，目前在服緩刑。」

我們不該在此討論緩刑對兒童來說是好是壞，但對年僅十二歲的男孩來說，被法院判緩刑可說是非常艱難的困境，有可能讓他覺得更丟臉，加深他心中的屈辱感。

「父母親在烏克蘭出生，父親英語說得不錯，母親則幾乎無法用英語溝通。他們已經在紐約住了三年。父親在一家工廠上班，上班時間為早上八點到下午五點，母親的工作是打掃辦公室，工作時間為五點到九點。父母兩人皆為入籍公民，孩子也都在美國出生。」

母親無法說英文，這又是另一項障礙。這些小事都很容易阻礙孩子的社會發展。此外，孩子在家時，父母幾乎不會同時出現在家中。

「家裡有三個孩子。里昂（Leon），十四歲六個月大；麥可，十二歲八個月大；瑪麗（Mary），六歲大。他們住在一棟老式廉租公寓中，家裡有四間房間。公寓大樓沒有電梯，沒有浴室跟暖氣，廁所則位於大廳。屋內有兩間臥室。麥可跟里昂睡同一間。他們家信奉天主教。」

麥可的哥哥或許已發展出領袖特質，麥可為了讓自己成為與哥哥平等的夥伴和搭檔，所以聽從哥哥的指令。藉由使自己成為被領導的那一方，麥可獲得領導者的關注和賞識。哥哥大他兩歲，妹妹小他六歲，因此哥哥對他的行為模式或許帶來更多影響。家庭描述顯示他們家相當貧困，家庭狀況應該很差。

「麥可出生時一切正常，發展過程也沒什麼問題。他一歲大時能走路，接著就馬上開口說話。他似乎跟每個人都很親近、對大家都很友善，包含他的家人。他在學校人緣不錯，跟其他同學也相處融洽。」

這段病歷證實我們對孩童心理的推測。他很友善、順服，因此不會帶頭使壞搞鬼。

「麥可說他不喜歡某些老師，現在這個老師他很喜歡。」

麥可顯然希望別人能親切待他，他的行為則具有與權威達成協議的本質。「對我好，我也會對你好」。正因為他如此卑微，才會被別人帶去犯罪作惡。帶領他做好事就跟拉他去做壞事一樣簡單，但這還不夠。我們必須教導他，讓他更獨立、更有自信。責備、向他說教是不夠的，必須讓他養成屬於自己的責任感。

「大多時間他都在街上玩，他喜歡玩捉迷藏、丟球、擲骰子。其他孩子都很喜歡他，他也很容易聽從年紀較大的男孩的領導。」

病歷陳述一再證實我們的推斷。為了獲得賞識，麥可願意不擇手段。

「麥可說他有個女朋友，有時候會帶她去看電影，或是到她家找她。他和哥哥輪流替人擦鞋。他們有一套擦鞋裝備，放學後跟週六會外出幫人擦鞋。」

「他和哥哥」，這句話再度確證他必須跟隨領導者。跟女孩出去顯然是在模仿年紀更大的男孩。

「麥可的母親說：『麥可是個好男孩，他在家總是快快樂樂的。他喜歡跟妹妹玩，有時候也會逗她。我不知道他跟巴迪一起出去。巴迪是個壞孩子。在認識巴迪之前，麥可從來沒惹過麻煩。他有兩次沒去上學，一次是他去康尼島（Coney Island）的時候，另一次是因為我帶他跟我一起去醫院。我的英文說得不好。麥可現在跟壞男孩一起出去。我們想試著搬家，讓麥可跟好孩子一起出去。』」

「母親說她五點出門上班的時候，先生會看管麥可，不讓他跑出去。她希望麥可每天下午都能到社區福利服務之家去，這樣他就不會到街上玩了。麥可通常能賺一到兩塊美金，他會把錢帶回家給母親，她會給他五分或十分硬幣。」

孩子把自己賺的錢拿回家固然是件好事，不過以麥可的情況來看，或許這也再度顯露出他自貶的傾向。母親想搬到另一個社區的想法是對的。假如孩子不斷受到誘惑，與其讓他置身邪惡的環境，還倒不如搬家。父親能夠領導麥可，但父親不常在家，麥可才會受到其他年紀更大的男孩影響。唯一的解決辦法是讓他更獨立。

「父親說：『麥可並不壞。雖然他拿得到我皮夾裡的錢，但他從來沒偷過家裡的錢。』里昂會以兄長的姿態來與麥可互動。他會為麥可跟人打架，也會跟麥可打架。里昂會熱切地描述自己為了保護弟弟而痛毆其他男孩一頓，不過他覺得自己比麥可還要優越。里昂在學校裡的年級比弟弟高，成績比弟弟還要好。他不偷也不玩骰子。」

病歷陳述再度證實我們先前的推斷。哥哥跟麥可打架、壓制麥可，藉此克服自己天生的自卑感，麥可則把哥哥當成英雄一樣崇拜。

「麥可說：『爸媽最愛里昂。』里昂熱切地證實這點，還說小妹也最喜歡他。麥可很喜歡母親跟妹妹，雖然家人不贊成他的行為，但他並未因此顯得特別憤慨，不過我知道他其實感覺得到。」

麥可沒有憤慨的情緒，或許代表他容忍自己居於次等地位，只為從中獲取特定利益。我們必須釐清麥可的心理狀態是否真的屬於低階層次，為了取得關鍵資訊，我們必須研究學校報告。

「麥可出生於紐約的一個工業城，父母整天都在工廠上班。他們每天早上八點就會送孩子到托兒所，傍晚五、六點才把他們接回家。這種生活狀態持續了三年。後來他們送孩子到天主教學校唸書。麥可八歲大的時候，他們一家搬到密西根州（Michigan），不過又在同年搬回紐約。這項轉變導致麥可耽誤了一年學業。雖然他已經超過八歲了，卻還是被安排在一年級的班級中。他現在讀4A少年工作坊。他成績最好的科目是算術，最差的則是閱讀跟拼寫。」

晚讀一年或許讓他覺得丟臉，因為他得跟年紀較輕的男孩當同學。他有可能是左撇子，因為他的綽號就是「左撇子」。

「老師說：『我喜歡麥可，其他同學也喜歡他。他不跟人吵架。智力測驗顯示他的智商為七十。運動神經與機械測驗顯示他能靈活運用雙手，他的分數落在他所屬年齡層的平均值。情緒測驗顯示他對於竊盜案以及被送往少年法庭非常在意。他似乎害怕幫派中年紀較長的男孩。』」

低智商會讓很多人認為他是低能兒，但大家別忘了，麥可的生命風格的特徵是害怕和灰心沮喪。我非常贊成將他移到對他比較有利的環境中。

「去年夏天，麥可參加一個免費的夏令營，在那裡待了兩個月。游泳是他的強項，不過他在體育和音樂方面也有不錯的表現。他樂於與人合作、協助他人。夏令營隊輔表示：『今年夏天有幾個特別亮眼活潑的孩子，麥可就是其中之一。我沒看過像他笑得這麼開心燦爛的小孩，他臉上永遠掛著笑容。他是典型的樂天派，每天都興高采烈地完成工作或玩耍。』」

假如有人請他幫忙，要他把自己毀掉，麥可也會欣然答應。夏令營隊輔身邊都是問題兒童，當然會特別欣賞麥可這種開心愉快，在運動方面又表現優異的孩子。他臉上總是掛著笑容，因為他把自身行為的所有責任都交到別人手上。在良善有益的環境中，麥可永遠不會帶來困擾。

「一九二九年三月三十號的前幾個月，麥可接連偷了幾次東西，最後一次規模最大，他總共偷了好幾個皮夾，裡頭的總金額有六十塊美金。錢包被帶到一個正在上課的開放式教室。經過追查，這起竊盜案是由巴迪為首的幫派所犯，幫派中的一個男孩負責籌劃，麥可則是他們利用的工具。」

各項陳述都清楚顯示在這類活動中，麥可絕對不會是首領或教唆者。

「麥可坦承他從前廳進入大樓，讓掌管整棟建築的電梯管理員追他。電梯管理員說如果逮到他，就要把他的脖子扭斷，麥可這麼說。管理員追著麥可跑時，其他男孩爬進大樓，偷走數個皮夾跟手錶，並把偷來的錢分掉。」

被電梯管理員追根本不是什麼英雄人物。

「麥可說自己在那次布魯克林竊盜案中根本什麼都沒拿。他的工作是負責『看警察來了沒』。有位警察出現時，他大喊『小鳥』，其他男孩就開始跑。不過他們跑得不夠快，因為所有人都被逮到而且送往法院。」

他又再次負責較低階的工作。

「這個幫派每個星期天都在麥可家前面擲骰子賭博。麥可怕巴迪。『巴迪打架的時候會咬人。』」

在這個例子中，他對巴迪百依百順，或許全然是因為恐懼。

「他最早的記憶是：『我記得我們住在利特爾福爾斯（Little Falls）的時候會偷西瓜。』」他從來不會說「我以前會偷」，這實在很有意思。麥可永遠不是獨自一人。我猜他應該不曉得偷竊是錯誤的行為。他多多少少被幫派的習氣給迷惑了，因為在幫派中他失去個人身分與責任。

「我記得小時候，地板上有個老鼠洞，我把火柴放進去。有根火柴掉到床上，火就燒起來了。我哥跑到樓下去叫我爸。」

我們能從這段回憶發現，麥可認為每當他試著獨自進行任何活動，最後肯定會失敗或帶來大災難。他也相信身邊永遠有人能出面幫忙。麥可始終沒有克服原始的自卑感，極度害怕在自己必須負全責的情況下冒險。他的過往人生就像一連串接續的場景，在這些場景中，他徹底被哥哥、老師、巴迪以及幫派成員支配。

「我夢到自己在皇宮、在城堡裡，裡面有好漂亮的大房間。」

或許這顯示麥可希望能在生活中扮演更重要的角色。

「另一場夢：『有天晚上我在睡覺，有個男人闖進來搶了我媽的東西，還把哥哥射死。我騎在馬上追著他跑，朝他心臟開了兩槍，讓他從馬背上摔下來。』」

「『我夢到媽媽死掉，我一直哭，想抓到那個把媽媽殺死的人。我抓到他，也把他殺了。他是個大流氓。』」

他在這場夢中扮演英雄的角色，這也顯示出他害怕失去家人。從情感層面來看，這場夢表示：「我很高興能有媽媽跟哥哥在身邊，因為我很軟弱。」失去領導者對他來說是天大的不幸。

「問他長大後想做什麼，他立刻回答：『警察局長。』」

麥可想當警察局長，因為指揮官或是最具權威的男性象徵他的理想。這是一種對軟弱性格的補償。

老師對此個案的詮釋如下：

「麥可沒有獲得他應得的機會，因為他母親絕大多數時間都在上班。哥哥里昂在家跟在學校的表現都比他好。妹妹在麥可六歲時取代他的地位，現在雖然他很愛妹妹，但妹妹卻比較偏愛里昂。麥可的學校教育是另一個令他沮喪的原因。有機會加入幫派時，他就加入了，而幫派也欣然歡迎他。我們建議他再度參加去年夏天的夏令營，這會是個不錯的解決辦法。這麼一來，他就能在良善的環境中生活兩個月，讓他有機會做自己拿手的事情，例如游泳。我們建議將麥可跟里昂分派給不同隊輔，這樣麥可就能靠自己獲得力量與勇氣。我們正努力讓他們一家人將麥可視為寶貴的資產，而非家族恥辱。」

這是個不錯的開始，但這只是起點而已。麥可必須了解他為何堅持扮演低等的角色。我們應該要鼓勵他相信他有能力成為自己的領導人。跟麥可交談時最好不要提起竊盜案。我們只需要專注讓他看清自己的心態。我們必須搞清楚他到底是不是左撇子，判斷他是否需要特殊的閱讀與拼寫訓練。

個案會議

父親走進教室。

阿德勒：我們想跟你談談你兒子麥可的狀況，我們認為他是個非常有希望的男孩。他最大的錯誤，在於他太喜歡接受他人領導。他的整個人格特質都是建立在這個錯誤上，因此他勇氣不足，希望別人能替他的行為負責。你有注意到他有點膽小嗎？他怕黑，或是不喜歡獨處嗎？

父親：有，我知道他不喜歡自己一個人。

阿德勒：你其實能幫他很多忙。麥可不應該被處罰，事實上他並沒有錯。我們必須好好鼓勵他，讓他相信其實他有能力能獨立完成所有事，不需要哥哥或幫派成員的協助。我相信他是個好孩子，我們只需要讓他知道他哪裡做錯了。不要苛責或處罰他，而是鼓勵他變得更強大，這樣他就會更有責任感。

男孩走進教室。

阿德勒：哇，你好高大強壯！我以為你很矮小瘦弱，但其實完全不是這樣。你怎麼會覺得其他男孩知道的比你多、懂的比你多呢？你怎麼會覺得自己必須聽他們的話，做他們叫你做的事情？如果有人叫你爬這座牆，你會照做嗎？

麥可：會。

阿德勒：你很聰明，你根本不需要別人領導。你已經夠大了，應該要能獨立、要有勇氣，要當自己的領導人。你之前覺得別人做事都能做得比你好，現在不能有這種想法了。你難道覺得自己得一直當別的男孩的奴隸，照他們的話做嗎？你覺得你需要多少時間，才能停止聽從別人的指令呢？你能在四天內辦到嗎？

麥可：也許吧。

阿德勒：八天？

麥可：我可以在八天內辦到。

麥可離開教室。

阿德勒：我們沒有既定規則，但是面對麥可的狀況，我們的任務顯然是要改變他的行為模式，讓他更有勇氣，讓他展開更有益的人生。對他來說，他的抱負太難以企及，所以他對自己能獲得的已經滿足了。

學生：他臉上一直掛著笑容，目的是想說服別人來照顧他嗎？

阿德勒：沒錯，很有可能是出於這個理由。

學生：要怎麼讓他覺得勇氣是值得追求的？

阿德勒：勇氣不是藥，我們沒辦法一匙一匙地把勇氣餵給他。我們必須做的，是讓他知道如果不要再貶低自己，他就能更快樂。只要他能抗拒幫派成員的指令，就能發現勇氣的益處。我已經試著讓他明白，一直受人帶領是不對的。假如能提升他的自尊，他自然就會更有勇氣。如果他一直覺得自己比較卑微，也就不會承擔任何責任。訓練他更有責任心跟更有勇氣，道理其實是一樣的。

學生：比起其他孩子，你對麥可是不是稍微更嚴厲一些？

阿德勒：坦白說，就算真的是這樣，那也不是我的本意。不過，我希望我已經盡可能以謹慎、明智的方式跟他溝通了。我們必須不斷學習，才能持續精進與孩童溝通的能力，而不管是我還是其他人，都很有可能在過程中犯錯。大家跟孩子互動的方式都不盡相同。我個人偏好以較戲劇化的方式來跟孩童對談，這樣能讓他們覺得自己在對話過程中扮演要角。我剛才試著用非常友善的態度來對待麥可，如果他喜歡我，願意再到這裡來，我也不會太意外。或許麥可的老師之後會跟我們報告他的後續進展。

【第九章】

過於溫順的孩子

今晚我們要來評估索羅（Saul）這名個案，他今年八歲半，目前的問題是無法在學校與同學好好相處。這個狀況已經持續好一段時間了。

八歲半的孩子在學校無法跟同學融洽相處，這通常有兩種可能。第一，索羅可能是低能兒，或是因為家庭環境太安逸舒適而無法適應學校生活。

病歷陳述指出：

「過去兩三個禮拜以來，狀況似乎有所改善，因為學校的管理者會固定參加個體心理學講座，他似乎對索羅的狀況有了更深刻的見解。」

此案例顯然屬於第二類，聽到這些講座能發揮實際用途，我也覺得很開心。

「索羅並不在意自己在學校的處境，說他不曉得怎麼讀書寫功課。私下約談時向他施加一定程度的壓力，才發現他其實具備一些知識，不過還是難以判斷他到底理解多少，因為他不肯努力回想自己到底知道什麼。」

假如孩子已經放棄希望，認為自己不可能進步，我們就能從記憶模糊、一無所知等現象來看出他的心態。

「他拒絕做算術習題，但他還是知道一些算術流程跟組合。除了偶有例外，他通常都會在紙張上胡亂塗鴉或徹底留白。他的行為非常差勁，也確實對課堂秩序構成干擾。他會離開座位隨意走動，並因為真的遭到輕視，或他以為同學在奚落他，而出手攻擊其他孩童。他會大聲說話，還會試圖搞笑，利用手勢、說話方式或說笑話來逗其他同學笑。他似乎具有引人注目的本事，假如他在對的時間點做這些事，那或許是真的很幽默風趣，但學校並不是施展這些行為的場域。長期被他搞得很傷腦筋的老師，都稱他為『管不動的孩子』。這個稱號完美描述他與課堂的關係。」

索羅為了成為大家關注的焦點而搞笑。他不認為自己能用有效益的方式來獲得全班的注意力，因此施展手邊現有的劣等把戲。

「他很容易就哭……。」

這點讓我認為他一直以來都受盡寵愛，以至於他開始認為自己是非常有價值的人，如果他受苦，別人也不能好過。

「……如果受到責備，就會變得孩子氣。耍幼稚跟試著搞笑，這兩種行為交替出現。」

被寵壞的孩子通常喜歡耍孩子氣。他運用兩種手段來獲取注意力，要不是耍寶搞笑，就是裝幼稚。

「他會跟學校裡比他年長的學生吵架、打架。在課堂休息時間跟上下學途中，他總是會惹麻煩。」

這種行為顯示他的社會適應很差。

「有時候他會講一些荒誕不實的故事。他在學校升了一級，這很有可能是因為他的課業表現有進步，但他跟新的老師說他之所以能升級，是因為他爸跟前一個老師的父親是朋友（他們確實是朋友，但決定讓索羅升級的並不是那位老師）。」

他指控老師欺騙作假，顯示他根本不願意配合。

「有一天，為了解釋為什麼沒寫作業，他騙老師說他家的房子失火燒毀了（他阿姨家曾發生火災）。」

為了閃避麻煩，他開始說謊。

「他的故事顯然是依據事實所編造，他刻意將這些事實編排進自己的生活中。不過他扯謊的時候，沒有人曉得這些謊是源於真實事件。索羅知道自己沒說實話，在被迫說實話的情況下，他也坦承自己說謊。念幼稚園的時候，因為沒有任何課業壓力，所以他沒有任何問題。六歲時進入小學後，問題就開始浮現，而且一年比一年嚴重。」

面對這種小孩，要求越少，問題也就越少。在相對輕鬆安逸的幼稚園裡，索羅完全不惹麻煩。長大之後，面對更複雜、成熟的任務，他開始發出抗議。他並沒有學會獨立運作。回顧我們對此個案的了解與判斷，截至目前為止，我們能推論他應該是個被寵壞的孩子。面對成長的問題與挑戰，他的反抗也越來越劇烈。距離這些問題越近，他就會越奮力抵抗，努力逃避這些問題，躲進人生無用的區塊中。

他先前的生活非常平靜，進入小學之前也沒惹過任何麻煩。假如我們已經掌握所有必要資訊，病歷陳述中也沒有漏掉什麼，我們就能合理推斷索羅的母親以前太寵他，而且現在仍然如此。

「雙親依然健在，家裡有兩個孩子，索羅八歲半，莎拉（Sarah）五歲。」

在這個案例中，又出現哥哥與妹妹的問題了。這兩個孩子肯定競爭激烈，我認為如果能徹底調查，應該能發現索羅在三或四歲時開始出現問題，因為那個時候他得開始面對妹妹的競爭。他有可能是在這個時候喪失勇氣和自信，開始透過各種行為，來主張要母親繼續溺愛呵護他。妹妹有可能是個強壯、健康的女孩，而她的發展已經侵入他的領土。

「父母感情非常好。母親雖然性格平和文靜，卻是全家的主宰。父親在家具搬運車公司上班，薪水並不優渥，每週收入都不同。母親很節省，是非常了不起的家庭主婦。她獨立清洗家中所有髒衣服，卻跟鄰居說她都把衣服送到洗衣店。她之所以這麼做是為了裝門面，因為這些鄰居都將衣服送洗。父親每週會將薪水帶回家。太太將家裡打理得井井有條、乾淨整齊，令他感到自豪。」

這點顯示母親自尊心強、野心勃勃，而先生也得仰賴她。

「母親盡可能讓孩子在各方面都有優秀的表現，像是乾淨整潔、聽話乖巧，以及身體健康等。她也會監督孩子都跟誰玩以及在哪裡玩。她是一位無懈可擊的妻子和母親。父親的個性比較衝動，他非常信任妻子，對孩子也非常溫柔親切。母親比父親更了解如何管教索羅，因此母親認為索羅比較喜歡父親。索羅很樂於幫忙家務，也很喜歡幫母親跑腿，也會整理他跟妹妹共用的房間。」

我們的個案並沒有抵制妹妹，因為他們大多時間都在一起。我想如果他花更多時間跟父親相處，就會對妹妹更為批判。

「每個孩子都有自己的床。母親生病時，索羅顯得非常焦急，還自己跑到藥房求助。」

這些跡象再次顯示孩子依賴母親，他很有可能希望成為母親眼中的英雄。

「母親懲罰他時，他會小哭一下，但情緒很快就平復了。他並沒有因為被罰而感到怨恨，不過他說：『好吧，你說了算，你是我媽，你是對的。』母親不會過度誇讚他，不過在過去兩、三個禮拜，他因為在校表現有進步而受到讚賞。」

男孩對於受罰的態度，像是一名弱者提出卑微的批評。不過我想隨著課業進步，他也會越來越有勇氣。

「妹妹非常迷人，雖然她沒有被寵壞，但全家都很疼她。索羅也很喜歡妹妹。」

這點看似推翻了我們的假設，不過還有另外一種可能，就是索羅可能認知自己已經被敵人征服，完全不覺得有打贏戰爭的可能，因此跟征服者交好。不然寶座被搶走的孩子，通常是不太可能會喜歡篡位者的。

「他擔心妹妹會在街上被吉普賽人綁架。」

在此態度中，他從自己被支配的感覺中獲得好處。

「母親給他六分美金，他花五分買牛奶，通常還會給妹妹一分硬幣。母親說索羅跟他爸很像，都很慷慨大方。妹妹將此舉視為理所當然。街上的男孩嘲弄索羅時，妹妹會阻止他們。他常被街上的孩子取笑、欺負。」

索羅扮演守護者的角色，這是哥哥跟妹妹和解的好方法。藉由保護妹妹，索羅就有機會覺得自己長大了。另一方面，妹妹也想保護哥哥。

「跟他玩在一起的男孩，大多都跟他有親戚關係。他們都稱索羅為『胖子』，因為他很胖。他們也會叫他『笨蛋』，因為他的課業表現很差。舅舅也開始說他傻的時候，母親出面制止。」

過胖最常見的原因就是吃太多，不過他的肥胖也有可能是腺體疾病所致。舅舅羞辱索羅時母親出面警告，這個做法是對的。

「他也會打架，雖然他通常都被打得最慘，但他還是繼續打。」

絕望的孩子打架時認為自己會輸，這種現象頗為常見。

「他對動物特別溫柔和善，也很喜歡花。」

一般來說，這種男孩會想過平靜的生活，假如索羅沒有被別人欺負或攻擊，他可能會想照顧動物或植物。

「他會去看電影，一天到晚都在想電影裡的情節。」

在此我必須針對電影說幾句話。孩童發展出錯誤的行為，我不認為電影必須負全責，但我相信如果家庭教育出了問題，電影可能會讓錯誤更根深柢固，孩子更有可能從電影中獲得關於錯誤行為模式的資訊。就算禁止孩子看電影，也無法改變其行為模式，因為他會透過其他方式來訓練自己。歐洲的審查制度相當嚴格，這套制度會清楚判定孩童是否准許觀看某部電影，但這當然是不夠的，因為我們無法阻止成年人訓練自己養成錯誤的行為模式，而這些成年人通常都是孩童的父母。電影會讓人習慣於狡猾和奸詐的心態。絕大多數的電影都是靠花招和謀略來吸引觀眾，這也是孩童跟成人想學會的：快速獲取權力的方式。很多人相信狡猾的手段跟奸詐的伎倆是有利的技能，不過從心理學的角度來看，專家學者並不同意這種觀點。對我們來說，使用這些手段只不過代表個體缺乏勇氣，我們必須教育大眾，讓大家了解這點。狡猾奸詐的行為和計謀，這些都應該被視為懦夫的把戲。我們可以嘲笑這些把戲，或對這些伎倆的效用感到驚訝，但在內心的良知中，我們必須知道只有不相信能靠自身力量達成正常目標的人，才會動用這些招數。

「孩子出生時非常健康，但接生過程需要靠手術器材協助。他喝母奶喝了九個月，後來則喝奶粉。他在一歲時開口說話，十五個月時能走路。在十八個月至兩歲之間，他總共發生四次痙攣。開始長牙之後，痙攣的症狀就消失了。」

索羅的副甲狀腺肯定有問題。痙攣跟長牙一點關係也沒有。

「他在兩歲時長麻疹，四歲得水痘。目前他飲食均衡，很健康，並不貪吃。」

假如孩子很貪吃，代表他性格中帶有一定程度的倔強與頑固。索羅顯然不是抵抗型的孩子，他比較偏向乖順屈服的類型。

「他的生活習慣很好，從來沒尿過床。」

我們可能會以為索羅有尿床的習慣，吃東西方面也會出狀況，但他母親顯然以非常有智慧的方式來管教他。我相信跟母親面談時，肯定會發現她是非常聰明的女人。

「索羅喜歡看起來乾淨整齊，每天都要求穿乾淨的上衣去學校。他喜歡母親幫他洗澡穿衣服，但在睡覺方面他很獨立。嬰兒時期他總是難以入眠，需要別人一直搖他才能入睡，但現在他睡得很好。」

他模仿母親保持乾淨整潔，因為這樣能吸引她注意。隨著時間演進，母親似乎也越來越能應付索羅的睡眠問題。

「他會搜集小圖片跟明信片。」

換句話說，他覺得自己必須累積物品來提高低落的聲望。假如他的境況未能改善，他很有可能會行竊。

「他有可能需要戴眼鏡。他會在本週接受檢查，看看是否有視力缺陷。」

說服索羅戴眼鏡可能會有些困難。

「他最早的記憶，是三歲時去拜訪祖母，因為尿床被母親處罰。母親說她平常沒有尿床的習慣。」

那時，他應該是開始覺得自己的地位受威脅，所以試著靠尿床來吸引母親注意，沒想到卻被處罰。

「另一段回憶則發生在他四歲時。他跟父親坐在一輛搬運卡車中。他在父親不注意時將幾項小物品搬出卡車，顯然為此感到洋洋得意。」

此舉顯示索羅樂於助人，而他還記得這段往事，代表他希望獲得父親肯定。

「他記得妹妹是在他三歲半時出生的。他說那個時候媽媽給他糖果。」

妹妹出生對他的境況構成真正的問題，我不認為糖果能讓他接受妹妹的出現。

「他記得幾場夢。第一場夢：我夢到自己跟牛仔在一起，騎在馬上。馬變成一頭母山羊。我拿到牛仔的槍。我開槍，槍響了，但是第二次扣板機的時候，手上拿的變成玩具槍，什麼事都沒發生。」

我們發現這個夢境的重點在於戲法。馬變成母山羊，玩具槍無法射擊。索羅想找出戲法來改變自己。

「第二場夢：我夢到自己在馬背上，我是電影明星藍道夫・范倫鐵諾（Rudolph Valentino）。有人死掉的時候我會夢到他。」

索羅顯然是把自己塑造成電影中的英雄。

「我夢到威廉・S・哈特（William S. Hart），我夢到他綁架我，還跟我一起逃跑。」

我們能從這些夢境看出電影的風險。綁架這個主題太常出現在他人生中了。而有關死亡的夢，如果他在人死後夢見他們，代表他試圖逃避死亡。如果他是在死前夢見他們，代表他想當先知。

「他的志願是當電影明星，他對電影裡的演員非常感興趣，最欣賞的演員是湯姆・米克斯（Tom Mix）。」

他向來都在學校扮演各種角色，會有這項志願並不令人意外。扮演小丑、喜劇演員，以及愛耍花招的演員，這些他都扮過。他希望能克服危險，能夠握有強大力量，或許他認為當電影演員是達成此目標的方法之一。

「以下對話顯露出他的恐懼。索羅：『我怕藍道夫・范倫鐵諾，我在睡夢中看到他。』問：『你不知道他已經死了嗎？』索羅：『我知道，我知道他為什麼會死。他人太好了，所有女人都喜歡他。』」

別忘了，索羅今年才八歲半。對於愛以及對於女人的恐懼，這麼早就清楚成為行為模式中的一部分，這實在令人震驚。想了解索羅為何會有這種態度其實不難。她的母親非常強悍，我先前已經說過如果母親的行事作風威嚴專橫，男孩通常就會對女人感到恐懼。男孩長大後，假如對女性的恐懼或排斥在行為模式中固定下來，他就有可能成為同性戀。索羅現在正走在成為同性戀的路上，為了加以避免，我們必須讓母親不要過度支配索羅。

「索羅：『有一天，女人把毒藥放進他的食物裡。她每天放一點，最後把他毒死了。我爸拿圖片給我看。他的妻子醒來時，怎麼找都找不到他。』問：『毒是他妻子放的嗎？』索羅：『不是，是另一個女人。』」

由此可見，電影的訓練確實會對孩童造成影響。

「老師針對個案的討論：『大約三週前，我判斷索羅之所以努力在班上扮演搞笑的角色，是因為他內心感到沮喪氣餒，各方面發展都受到阻礙。因此，就算他的表現並沒有特別優秀，我還是給予稱讚，並且不斷鼓勵他。他已經開始回應我的鼓勵了，先前眼神中呆滯的神態也一掃而空。他帶了不錯的成績回家，也承諾母親會繼續進步。他似乎是個有勇氣的孩子，因為有一天他跟我說，他母親在晚上不小心讓曬衣夾掉到院子裡，他就下樓去撿，一點也不害怕。』」

他想在母親面前當英雄。

「『打架也顯示出他的勇氣。他完全不膽怯，也沒有刻意裝勇敢。不過他會假裝不知道怎麼寫作業。他的視力可能有些障礙，若真如此，也會在本週進行矯正。他不喜歡其他男孩替他取的綽號，不過如果能學會以正面、和善的態度來看待，就不會覺得這些綽號有什麼大不了的。我們告訴索羅，男孩子都喜歡以綽號互稱，舉例來說，他班上有個黑人男孩被暱稱為法瑞娜（Farina），那個孩子還滿喜歡這個綽號的。』」

關於綽號：如果男孩有其他優勢和長處，綽號確實不會帶來太多困擾。

我發現索羅的老師已經找到最能影響他的方法了，我相信她一定能成功。假如男孩的母親能停止支配他，如果他相信自己絕對有希望能進步，知道其實根本沒必要害怕妹妹會取代自己，老師成功在他身上帶來的改變就能變得更穩固。他必須了解女孩的發展速度比男孩快，等到長大之後，他又會發展得比妹妹快。我們必須說服母親，請她以更認真和嚴肅的方式來看待索羅。男孩太聽話順從並不是好事。母親可以跟索羅討論她的計畫，不要單純因為自己想要，就要求他做任何事。她應該信賴索羅，仔細向他解釋各種事情，甚至請他提供意見。「如果你能自己洗澡穿衣服，不是更好嗎？」或「你覺得這樣對妹妹來說好不好？」

個案會議

母親跟提交病歷報告的老師一同走進教室，老師介紹母親跟阿德勒認識。

阿德勒：從各方面來看，你管教小孩的方法非常明智。在你的引導之下，他成功避開孩童通常都戒不掉的壞習慣。

母親：我試著讓他成為好孩子。

阿德勒：他是個好孩子，不過學校生活與課業對他來說非常困難。他之所以會有這些障礙，或許是因為他當了三年半的獨子，他認為那時的生活比現在輕鬆、簡單得多。他並不是膽小鬼，其他在相同處境中的孩子會犯的錯誤，都沒有出現在他身上。不過隱約之中，他覺得自己被妹妹比下去了，他大概還認為你比較偏愛妹妹。他有談過這類的事情嗎？

母親：沒有，他從來沒有忌妒過妹妹。

阿德勒：雖然他想保護妹妹，我相信他還是會怕妹妹發展得比他快。你也曉得，妹妹一樣試著保護索羅。如果不要過度支配索羅，我相信他會發展得更好。我希望你能夠鼓勵他，讓他相信自己也是家中的重要成員。多給他一點機會，讓他有家庭以外的生活體驗。偶爾詢問他的意見，讓他發展自己的批判思考能力。

母親：我會試著去做。

阿德勒：另一件讓他非常困擾的事情是過胖的身材。或許他應該改變飲食習慣。他有特別愛吃甜食嗎？

母親：沒有，他對甜食沒什麼興趣。他每天早上會在學校喝牛奶，中午吃午餐，晚上吃晚餐。

阿德勒：他吃很多麵包、奶油跟糕點類的食物嗎？

母親斷然否認索羅吃太多甜食。

阿德勒：如果孩子真的很胖，那就是消化吸收太多熱量，我建議你讓他吃少一點。老師非常了解他，我想她也會幫忙的。如果你在教養方面有什麼疑難雜症，都可以跟老師討論，她會非常樂意協助。

索羅走進教室，臉上掛著微笑，整個人自信滿滿，不過面對阿德勒的學生還是有些茫然。他穿了一套長褲套裝，小男孩都喜歡這種打扮，整體穿搭讓他看起來比實際年齡還成熟。

阿德勒（與男孩握手）：嗨，小傢伙，你好嗎？這邊請坐，跟我聊一聊吧。我想跟你說一些有趣的事。

索羅：好。

阿德勒：你今年幾歲？

索羅：九歲，快滿九歲了。

阿德勒：很好。我想從現在開始，你就能在學校有很大的進步。我相信你以前可能不覺得自己能當個好學生。

索羅：應該吧。

阿德勒：不過我知道你真的能當個好學生，而且以前的困擾跟麻煩很快就會消失。你會變得更專心，也會更知道老師在講什麼。到時候你就會領先其他同學，大家都會很喜歡你。

索羅（受到感動）：好。

阿德勒：你喜歡運動嗎？

索羅：喜歡。

阿德勒：妹妹個性很甜美、討人喜歡嗎？

索羅同意地點頭。

阿德勒：年紀還小的時候，女生會發展得比男生快，但你不要覺得妹妹比你聰明。你可能以為她走在你前面、贏你了，但是很快你就能走在她前面。你永遠都是哥哥，永遠都會保護妹妹。

索羅：好的。

阿德勒：他們跟我說你很苦惱，因為街上的男孩叫你「胖子」。我跟你一樣大的時候，其他男生也叫我「胖子」，但是我不介意，因為我在學校很用功。我也跟那些男生說，就算他們用綽號叫我，我的成績還是很好。你長大想做什麼？

索羅：我想當演員。

阿德勒：那你就一定要學會閱讀跟寫字，說話的時候也要謹慎、專注。現在就連電影演員也要知道該如何好好說話。我覺得對你來說，好好用功讀書會比搞笑或干擾班級秩序還要好。等到你長大變成電影演員了再去逗別人笑。你現在的任務是專心聽老師講課、幫自己找一些朋友。媽媽對你很嚴格嗎？

索羅：對。

阿德勒：你會發現媽媽變得不像以前那麼嚴格了。如果你拿到好成績，她會給你更多自由。你覺得這樣好不好？

索羅：好。

阿德勒（男孩起身離開教室）：你是個很棒的好孩子。

索羅（在門邊轉過身鞠躬數次）：謝謝。

課堂討論

學生：孩子最早的記憶是在祖母家因為尿床被罰，為什麼母親說他從來沒尿過床？

阿德勒：母親說這種事情非常少見，她認為尿床的行為已經停止了。

學生：孩子將身材高大修長的電影明星當成崇拜的對象，這有代表什麼嗎？

阿德勒：我對這些演員不熟，但聽到他們的身材很高大修長，這點非常有意思。因為他討厭當胖子，所以想要變得又高大又修長。如果孩子很弱，他就會想要變強，如果很窮，就會想變有錢，如果身體不好，就會想當醫生，因為他覺得醫生總是健健康康的。

【第十章】

精神官能症的根源

今晚負責陳述案例的學生表示，個案患者的行為有如謎團一般，但我們應該以最簡單的方式全力解開這個謎。

「瑞秋（Rachel）今年十二歲，目前的問題是逃學。她拒絕去學校，她覺得自己沒辦法在教室裡上課讀書。」

開頭這段文字準確描述一位有自卑情結的孩子。但光是假設個案有自卑情結還不夠，我們必須找出此情結可能產生的所有後果，並發展出一套方法，讓孩童補償自己不足的部分。假如瑞秋出現逃學曠課的行為，我們應該能肯定在她的生活環境中，有成年人強迫她到校上課。孩子是在向這些成年人說「不」，而在表態的同時，她也在家中養成一種主觀的自卑感。

「瑞秋始終是個問題兒童。她目前的問題，其實就是她的上課態度的延伸。」

「始終」是個相當強烈的字眼。說瑞秋打從出生第一天開始就是個問題兒童，這點實在令人難以相信。比較有可能是中間發生了什麼事，讓她開始反抗、抗拒。或許這個令她不快的事件是弟弟或妹妹出生了。

「今年二月，瑞秋從小學升上一所分科教育國中。就讀小學時，學校會依照她的需求來規劃課程與提供輔導。瑞秋會在班上哭說作業太難了，她根本不會寫。她的班導跟其他老師都試圖幫她排解困難，但瑞秋堅持要回到原本那所國小去。校方並沒有答應她的要求，因為她應該要面對新環境中的問題。」

她似乎沒必要哭，光是不會寫作業就已經很令人頭大了。她之所以哭，似乎是想干擾上課秩序，讓大家注意到她的無能。某種程度來說，她的反應非常獨特，獨特到我們應該能確定像她這麼聰明，而且能夠在十二歲唸國中的女孩，絕對知道自己的行為會受到質疑。我相信只要能贏得她的信任，一定有人能鼓勵她面對學業上的困難。害怕無法滿足課業要求，這不太可能是反抗的真正原因。她一直都是好學生，老師似乎也很和善親切。

「瑞秋後來說如果能把她轉到國中裡比較低段的班級，她就願意去學校。」

一聽到「如果」這兩個字，我們就能預期會聽到一組不可能實現的條件。瑞秋之所以不想上學、想讓身邊的人擔心，其實是因為她沒有勇氣面對新的情境。她不斷誇耀自己的無能，而她越堅持自己無法完成作業，老師跟父母的反對立場就會更堅定。這是一種將自卑情結轉化成優越情結的方式。

「後來她被安排進小學的另一個班級中，這個班跟她原先唸的班類似，但她並未遵守諾言。母親到小學去要求將她轉回原本的班級，但是被斷然拒絕。瑞秋被父親打了一頓，但她還是不去上學。後來各方在出勤事務處前召開公聽會，瑞秋也被帶到某家醫院的兒科診所，醫生允許她在家待一段時間。」

瑞秋的麻煩越來越棘手，就算她最後出現在報紙上也不令人意外。瑞秋有辦法讓診所掉入她的陷阱。讓瑞秋待在家沒有用，因為她還是沒有變，還是帶有原先的生命風格。

「瑞秋到國小去，替這份病歷陳述回答一些問題，還帶了一個女孩一起來，她看起來已經把那女孩當成朋友了。在這個女孩的影響之下，瑞秋願意到學校上課，她決定在明年秋季入學。瑞秋還說如果學校讓她跟朋友唸同一班，她就會到學校，但這個要求遭到回絕。現在她非常焦慮，因為她朋友會在六月升級，到時瑞秋就永遠不可能跟她同班。」

需要有朋友陪，跟推遲入學的時間點，這些都是自卑感的症狀。這類型的個體會發展出一種叫做市集畏懼症（agoraphobia）的精神官能症，患者無時無刻都需要他人陪伴和支持。為了達成目標，瑞秋非常有技巧地列出條件，讓老師、醫生跟父母陷入棘手難解的處境。瑞秋是征服者。

「瑞秋有時會擺出膽怯害怕的姿態，但是在抗拒上學和寫作業時卻一點也不溫順。有幾次她的態度甚至很粗魯無禮。」

這個有趣的現象證實我的推斷，我認為她應該是屬於支配型的個體，完全不排斥與人抗爭。她唯一的恐懼是獨自面對新的情境。

「小時候，她的行為完全沒有問題，但在一年半前，有位老師批評她的課業。」你們看，之前說她始終是個問題兒童的說法需要改一改了。瑞秋顯然是在追尋理想中虛構的優越目標。她想要扮演上帝。為了扮演這個角色，她必須完美無瑕、必須支配他人。如果不能繼續扮演這個角色，她會徹底退出。

「在此期間，她首度顯露目前的症狀。雖然家人表達抗議，但她聲稱自己沒辦法寫作業，偶爾曠課缺席，因為她說她會怕，也還沒準備好。基於健康考量，她被獲准留在家中。瑞秋最近透露，早在她公開表示討厭現在這個老師之前，其實心裡已經默默討厭她六個月了。」

這六個月非常重要，因為這是精神官能症行為的醞釀期。精神官能症不會突然出現，必須經過醞釀才會開花綻放。

「一九二七年二月，她升了一個年級。她在之前的班級是班長，在新的班級並不是。新的班級是由另一位老師來帶。不過，她當時隱藏自己的感覺，老師並沒有察覺瑞秋對她的不滿，所以也不覺得瑞秋有什麼問題。六個月後，問題開始浮現。當時她已經曠課有好一段時間。一九二八年二月，她再度回到學校，這次被安插在進度較慢的班級中。

這個班的老師非常有同情心，而且也有輔導這類孩童的經驗。瑞秋在她班上待了一年，對課業越來越有興趣，也明顯克服怯懦的心態。老師鼓勵她參加合唱練習，她投入到後來甚至擔綱獨唱表演。在班上感到越來越自在之後，她偶爾會展現出與先前截然不同的態度，完全不像先之前那麼膽怯。有一次，老師找不到瑞秋縫紉的布料，瑞秋就突然變得很莽撞無禮。」

你們看，在有利的環境中，瑞秋就能輕鬆改變整個行為模式。

「她的父母都健在，她有個十九歲的大姐、十七歲的哥哥，瑞秋本人十二歲，底下還有七歲的妹妹跟五歲的弟弟。」

她比哥哥小五歲，這段年齡差距非常大，所以瑞秋的處境其實跟長子或長女類似。妹妹小她五歲，弟弟小她七歲。瑞秋的案例非常典型：妹妹出生之後，原本習慣身為全家人關注焦點的她，覺得寶座被奪走了。

「父親主控整個家庭。某段時間，大兒子曾經是父親最愛的小孩。母親並沒有特別偏愛哪個孩子，不過當兒女漸漸長大，她跟他們多少都曾起過衝突。」

孩子還小的時候，母親或許跟他們處得很好，他們要什麼她都能給。孩子年紀漸長，沒辦法繼續對母親予取予求，因此出現各種麻煩。或許瑞秋也曾生過病，所以特別受到關愛與呵護。

「孩子不會捉弄、取笑對方，不過瑞秋似乎是醜小鴨。」

「醜小鴨」或許是指她暴躁易怒、愛頤指氣使。她很有可能與兄弟姐妹不和。

「大哥有咬指甲的習慣，每次瑞秋看到他咬指甲就會很不開心，還會大聲尖叫。大哥知道瑞秋會陷入這種焦慮的狀態，但他還是持續咬指甲。母親對此束手無策。大姐對瑞秋非常好，把瑞秋當成女兒來對待。她替瑞秋縫製了一件洋裝，還帶她去看電影。瑞秋似乎很感激大姐對她這麼好。瑞秋跟妹妹相處融洽，也會跟妹妹玩，因為妹妹跟家裡其他人一樣都順著她。」

我們對瑞秋的行為模式的假設進一步得到證實。她支配整個家，生氣、不滿時會放聲大叫。

「父親跟大姐都有在上班。家裡有五間房間，瑞秋跟大姐同房。瑞秋出生時一切正常，喝母奶喝了三個月，斷奶時腸胃開始出問題。她被判疑似罹患軟骨病，而在零到三歲這段期間，有好幾個月父母每週都會送她到研究所醫院就診，因為她的心臟出了問題。十歲時，她因為心臟問題在床上躺了一小段時間。她的腸胃一直以來都有狀況，但現在整體來說身體已經比較好了。她只有在坐電車時會吐。」

因為身體不好，大家或許都會滿足她的各種無理要求，而她也學會利用疾病來維持這種快樂的狀態。從她在電車上的反應就能清楚看出這點。她沒辦法掌控電車，因而感到氣憤，利用不怎麼健全的消化道系統來表達不悅。這或許就是市集畏懼症的開端。

「她不願在家吃飯，喜歡在鄰居家用餐。」

不健全的腸胃又表態了，這次是想控訴母親。

「這有可能是因為家裡的食物不夠美味，因為調查人員發現，家裡提供的午餐是一碗罐裝鮪魚，這對嬌嫩柔弱的孩子來說可能不夠可口。妹妹也學瑞秋，不想在家吃飯。」

他們家有可能過度強調吃飯的重要性，所以孩子都利用這點來對付母親。

「瑞秋在十三個月時開始走路跟說話。因為喉嚨裡有膿腫潰瘍，所以在一歲半時接受扁桃腺切除術。她在很小的時候就長過痲疹。母親說瑞秋還是嬰兒時很怕人，怕到還會放聲哭喊。根據母親的描述，瑞秋把自己打理得乾淨整齊。她會整整齊齊地準時去上學，寫字的時候也很仔細。」

還是嬰兒時，恐懼對她來說是一項優勢。長大之後，她則利用乾淨整齊這項特長，來讓自己處於有利的情境中。

「她不去上學，對家人的期望漠不關心。她和同學相處融洽，在第二學期，她甚至還會關心、同情其他孩子的問題行為。」

這種關心代表：「我不是問題兒童。」

「在第二學期，瑞秋跟班上的另一個女同學玩在一起，她叫茉莉（Molly）。茉莉大概十二歲，但不像瑞秋那麼機靈，是個比較安靜的女孩。不是領袖型的孩子。」

瑞秋顯然也成功支配自己的同學，否則她們不會持續當朋友。

「瑞秋不玩遊戲，但會去看電影。她最喜歡讀童話，說故事時她講的也都是童話。」

看電影不需要社會意識感，而且只要把自己投射在電影女主角身上，就能輕鬆提升對自我存在意義的認知。玩遊戲的時候需要和玩伴競爭，得靠自己努力才行。

「目前她不願意上學，也拒絕吃東西或服藥。母親幫妹妹買了一雙襪子，雖然那並不是瑞秋的尺寸，但她非常喜歡那雙襪子，所以等父親出門後刻意把襪子穿上。」

父親顯然是家中呼風喚雨的角色，不過他一踏出家門，瑞秋就成了支配者。

「其他孩子都知道瑞秋的狀況，也會順著她的意。他們很貼心，也都對她很好。瑞秋在前一個班級以及在小學裡都跟同學處得很好，當時大家在某種程度上都很縱容她。老師說當她不會寫題目時看起來很害怕。有一次她感到害怕的時候，邊哭邊用手摀著嘴巴，雙手還緊張地抽動。老師像母親一樣關照她，讓她坐在自己的位子上，還提醒同學不要打擾她。」

恐懼是她最強大的武器。她有辦法利用恐懼控制周圍的人。

「她在第一個學期有很多問題，但在第二學期就跟其他孩童沒什麼兩樣，看起來適應得很好。」

得到自己想要的東西之後，她顯然就不會再惹麻煩了。

「瑞秋最早的記憶是三歲時，姐姐瑪麗（Mary）從朋友那裡獲得一雙溜冰鞋。瑞秋想穿這雙鞋溜冰，但是被拒絕。」

瑞秋並不是特別針對溜冰鞋或襪子，真正讓她氣憤的，是其他孩子有的東西她卻沒有。

「最近她夢到自己在家裡，必須穿過一扇地下室的門，地下室看起來很陰暗，似乎藏了什麼嚇人的東西。她夢到自己不敢走出屋外，因為她不敢穿越那扇門。母親正在睡覺，睡覺前警告孩子不要把她吵醒。有些朋友來家裡找瑞秋，但他們怎麼樣就是安靜不下來，結果就把母親吵醒了。母親下床、朝他們走來，手裡握著一把鐵鎚。瑞秋帶著弟弟跟妹妹、保護他們，開始往屋外走去，穿過那扇嚇人的門。門那頭傳來一個聲音，說：『回去，她不會傷害你們。』她鬆了一口氣，也在此時醒過來。」

這個夢完美顯示瑞秋是如何在情緒上做好不要離開家的準備。這也是市集畏懼症一開始會有的症狀。這個夢顯示只有在面臨極大的威脅之下，她才會穿過這個象徵危險的門。但是從門那邊傳來的聲音，卻告訴她不要太認真看待母親的恐嚇。這個夢代表：「留在家裡，就算不愉快也不要出門。在家裡，不會真的有什麼太嚴重的事情發生在你身上。」

「她的志向是當打字員。她害怕有色人種。」

她對於有色人種的恐懼，在維也納可能會顯得微不足道，因為這裡根本沒什麼黑人，不過這在美國卻是製造恐慌的好方法。這就跟其他不出門上街的理由一樣好用。

「學生針對個案之討論：瑞秋是個被寵壞的孩子，而且利用自身疾病，將欲望和企圖強加在他人身上。她藉由展露自身脆弱來獲得力量。從她的夢能看出她想要保護年紀較小的孩子，這些孩子不像她的父母，不會處處與她作對。她的志向或許代表她想用文字（繕打文章）來抒發自我，她覺得自己在這方面能有不錯的表現。她在課業上最大的障礙主要來自算術。」

截至目前所見，提交這份報告的學生對瑞秋的境況有非常精闢的見解。和母親討論過後，我們又得到以下事實：瑞秋換學校的第一天，老師請她在黑板上寫一個句子，但她寫不出來。瑞秋開始哭，老師說：「笨蛋，回去坐好。」瑞秋回家時說：「媽，我不想上學。老師好壞，我不想再去學校。」此後，她拒絕到學校上課。

個案會議

孩子連同母親一起走進教室。

阿德勒：來，請坐。你好嗎？喜歡這個地方嗎？這裡看起來像學校嗎？

瑞秋：像。

阿德勒：這裡的人都很喜歡你，大家都看著你，這樣你開心嗎？

瑞秋：開心。

阿德勒：我覺得不管你在哪裡，都太希望別人能用你希望的方法來做事。如果你到了一個地方，覺得大家好像沒有在注意你，就會找藉口不要到那裡去。你找藉口說自己害怕黑人，這樣就不用出門上街。沒有人能夠一直讓全世界注意自己，不過如果你好好對待別人，常常幫別人的忙，大家就會喜歡你。我知道有老師說你很笨，但你根本不笨。我確定你是很聰明的女孩。以前老師也說我很笨，但我只把這些話當成笑話。大家都會寫作業，我們知道你也會寫。不過如果你因為怕黑人就躲在家裡，我可能會開始覺得搞不好你沒有那麼聰明。如果我是你，就會跟爸爸當好朋友。我相信爸爸也很喜歡你。如果爸爸媽媽發現你很關心他們，他們也會更喜歡你。要一些把戲，告訴他們你是家裡最重要的成員，這樣並不能讓他們喜歡你。你想當好學生嗎？

瑞秋：想。

阿德勒：如果努力嘗試的話，我想你過一個禮拜就會是好學生了。你要不要之後寫封信給我，告訴我你有沒有變好學生呢？

瑞秋和母親走出教室。

阿德勒：我的話她們母女倆聽懂多少，這我不曉得，但我相信你們都知道我剛才試著傳遞哪些訊息。我非常希望能有一位跟瑞秋非常親近的人，更仔細地把她的把戲解釋給她聽，並鼓勵她拋下這些手段。孩子越覺得自己被父親或老師打壓，就越希望能壓制家庭和學校，這點非常顯而易見。一旦她認清自己的目標其實根本沒意義，她就會改進。我相信在老師的配合之下，瑞秋的狀況會有很好的改善。

一週後，瑞秋將以下這封信寄給阿德勒：

一九二九年五月二十二日阿德勒醫生收

親愛的阿德勒醫生：

這個禮拜跟以前完全不一樣。我常常都在外面。我覺得上次跟你見面，對我來說很有幫助。X小姐覺得如果你能建議我到她學校去教年紀更小的學生，應該是個不錯的點子。我被找去P.S.寫這封信，這是我用打字機打的第一封信。

瑞秋敬上

【第十一章】

先天智能不足

今晚我們必須評估另一個棘手的個案，判斷這個孩子是否真的是低能。大家應該都記得我們先前評估過另一個類似的案例（第二章母親的支配），因此我不必再做詳細診斷，或是再次描述應考量的醫學症狀。我知道這個男孩沒去上學，也沒有在家自學。他姐姐有去學校。

他是家族中唯一有這種狀況的孩子。在此，我們應該能透過智力測驗來判斷他的發展程度。我今晚要讓他做的智力測驗，並不是唯一或最好的選擇。不過如果要判斷孩子是否低能，這份測驗就已堪用了。完成測驗後，我會利用個體心理學的方法來評估，看看他是否展現確切的行為模式，判斷他的動作、態度、感覺跟思想是否指向特定目標。我們能從這類棘手的案例中學到很多。

「希德尼（Sidney）今年十歲，無法讀書寫字，朗讀給他聽時，他會顯得非常不耐煩。他的記憶力很差，大家都在想他會不會是低能兒。」

只是不能讀書寫字不代表他低能。希德尼或許是沒有做好面對學校課業的準備。不過多數低能孩童確實都無法讀寫。如果希德尼將閱讀視為難以達成的任務，想逃避，那他還是能被視為聰明的孩子。低能的孩子比較有可能會繼續留在學校，不會努力逃避困境。

「希德尼的肌肉發展跟神經與肌肉之間的協調能力都很差，他沒辦法自己穿脫衣服。」

在此我們必須判斷他究竟是智能不足，還是希望能一直有人來幫他。如果他是個被寵壞的小孩，那情況可說是非常棘手。

「他曾經患有軟骨症，牙齒也長得很差。幾年前，有位醫生建議他拔掉九顆牙齒。他等到三歲半才會走路，五歲才開口說話。」

軟骨病是骨骼發展方面的缺陷。如果病況像希德尼這樣拖了這麼久，通常是因為其他身體構造上的缺陷使病情加重。拔牙可能是因為牙齒生長的位置不對。孩子等到五歲才開口說話，是因為低能還是單純是被寵過頭，這實在難以判定。

「他常常在晚上尿床，現在還是一樣。他很頻尿，緊張焦慮的時候尤其常跑廁所。」

嬌生慣養的小孩常常尿床，如果孩子有弟弟或妹妹就更容易如此。白天時經常小便，有可能是想藉此吸引大家注意。他彷彿是在說：「我還沒長大，大家都要注意我。」

「父母之間沒有血緣關係。家庭氣氛很和諧溫馨。家人不曾吵架，不會互相責罵，也未曾發牢騷。孩子非常喜歡父親。母親做生意，兩個孩子是由一位年輕的女傭負責照料，直到兩年前才停止。家裡有四間房間，孩子各睡一張小床。他們家的宗教信仰為猶太教改革派。」

母親因為做生意而無法照顧希德尼，這點或許讓希德尼變得跟父親比較親。我們必須詢問他的父母，了解女傭當時是否有辦法贏得希德尼的信任。

「希德尼不記得早年往事。他有時候會夢到兩年前過世的祖父。無法確知祖父帶有何種表象。」

他有可能被祖父的死嚇壞了，當時他八歲大。或許希德尼害怕死亡。如果害怕符合孩子的需求，他就會夢到可怕的事物，訓練自己找出讓自己感到害怕的意象。這就代表有人必須時時刻刻在身邊保護他。我們已經開始勾勒出此個案的行為模式的輪廓。

「他也夢到自己跟男生朋友打架、吵架（他沒有女生朋友）。」

會夢到跟別人打架的通常是膽小鬼。孩子對自身懦弱感到不滿，因此在夢境和幻想中讓自己成為英雄人物，證明自己非常有價值，從中獲得滿足感。這勉強算是一種教育，但絕對不是最好的教育。

「他的志願是當軍人，但他希望能當警察，因為他怕自己會命喪戰場。他也想當水電工，因為這樣就能替女性工作。」

從這段陳述我們能看出他害怕死亡，也發現他確實具備特定行為模式。觀察膽小的孩子如何訓練自己從事驍勇善戰的志業，這實在非常有意思。不過希德尼有些害怕，覺得當軍人自己會負荷不了，所以甘願當警察。當水電工的志願再次顯示他確實缺乏勇氣。最先想當軍人，再來是警察，最後是水電工，這顯示出他的抱負不斷縮小，認為替女性服務比較輕鬆。他的勇氣持續遞減。這名個案的情況非常清楚，一點也不含糊。他究竟會變成膽小鬼還是軍人？這根本不用想，他就是一名懦夫。

「他也想過要到軍中擔任鼓手。他能分辨樂曲之間的差異，還知道哪首曲子是誰寫的。他只有男性朋友，年紀通常比他小。」

十歲大的男孩只想跟男孩一起玩，這通常代表他希望盡可能縮小自己表演的舞台。從他的觀點來看，這麼做確實沒錯。他跟父親比跟母親還要親近，這或許代表他害怕、不信任女人。或許女人曾經讓他感到痛苦，因此我們必須仔細調查母親對他的態度。比起父親，母親管教他的方式可能更嚴格。

「他不敢上學，因為同學都叫他『笨蛋』。」

這實在事有蹊蹺，因為孩童時常具有驚人的判斷力。另一方面，孩童通常也很殘酷，而且傾向誇大事實。

「他會對各種事情提出許多問題。他的休閒娛樂是玩球跟玩彈珠。」

佛洛依德學派認為這些問題都跟性相關，我可不這麼認為。這應該也不代表他急著想獲取資訊。他藉由提出愚蠢的問題來吸引他人注意，這種解釋比較有可能。

「他喜歡賺錢來買自己需要的東西、糖果跟冰淇淋。」

這聽起來比較聰明。

「希德尼的每日行程如下：吃早餐，然後到附近的修車廠看技工檢查、駕駛公車。他會跟修車技工討論汽車。以前他都沒辦法睡超過四到六個小時，近幾個月以來他開始接受脊骨神經醫學療法，目前已經能一連睡九個小時。」

如果這項觀察正確，而希德尼真的不喜歡睡覺，那這就進一步證明他被寵壞了。被慣壞的孩子不喜歡睡覺，因為他不想跟周遭的成年人環境失去聯繫。

「一年前，他夢到死去的叔叔的照片掛在床頭，每天早上起床時都很緊張沮喪，覺得叔叔會來殺他。」

這裡又出現死亡的意念以及對死亡的恐懼。我們多少能確定希德尼曾經被嚇得很嚴重。為了讓小孩乖乖聽話，幫傭有時候會嚇小孩，這種做法非常危險。

「他能說出現在是幾點幾分，但是沒辦法講出日期。他喜歡有趣、搞笑的電影。有人曾對母親說孩子長大後自然就會克服困難了，不需要加以輔導治療。」

這份病歷陳述提供的資訊還不夠，我們必須搜集更多事實來讓這份紀錄更完整。首先，我們必須對他一歲時的情況有更深入的了解，搞清楚他為什麼這麼膽小懦弱。我們想查清為何祖父的死對他的影響這麼深遠，還有為什麼他認為叔叔要來殺他。母親與孩子的關係也是非常關鍵的線索。面對此類個案，我們必須與孩童父母會談。

個案會議

父母走進教室。

阿德勒：我們希望能更了解你們的兒子，尤其是他在家中的表現。

父親：他很喜歡在街上玩，跟同年紀的男孩到處跑。他很喜歡那群男生，但不知道為什麼他們要捉弄他。

阿德勒：他們有覺得希德尼跟其他小孩很不一樣嗎？

父親：有。他的理解力比其他小孩差。他是個很善良、親切跟討喜的孩子。談到他在家裡的行為舉止，他很乖巧有規矩，對音樂特別感興趣。任何帶有旋律的事物他很快就能理解。我老婆比我更喜歡音樂。除了收音機以外家裡沒有其他樂器。

阿德勒：他還有對其他事情感興趣嗎？

父親：他好像只喜歡音樂。他的志願很特別。今天想當指揮家，明天又想當警察。

他似乎對任何需要穿制服的職業很感興趣。

阿德勒：他為什麼想去工作？

父親：這樣他就能穿制服。

阿德勒：他跟姐姐互動的時候態度如何？

父親：他們感情非常好。

阿德勒：他會不會在半夜哭？你們會起床去看他發生什麼事了嗎？

母親：只有他想上廁所的時候才會。

阿德勒：那他早上起床的時候是怎麼樣？

母親：他會自己一個人起床，然後開始唱歌。不管什麼時候他都很快樂。他會哼唱自己在收音機裡聽到的音樂。

阿德勒：他年紀更小的時候，你們覺得他看起來正常嗎？還是偶爾會覺得他看起來神情茫然？

母親：他三歲的時候看起來好像沒辦法理解事情。

阿德勒：三歲前沒有這種狀況嗎？

母親：一歲之前他就像個正常的小孩，然後我們開始發現他不會走路，而且一直在聽各種聲音。雖然沒辦法走路，但他對房間裡發生的事很感興趣。

阿德勒：他面對陌生人時的表現呢？

父親：他對陌生人很友善。

阿德勒：你們有試著帶他去上學嗎？

父親：去年才帶他到學校去，因為我們沒辦法教他A、B、C等字母。

阿德勒：你們知不知道其實有專門讓低能兒上的學校？裡頭的老師都是經過特殊訓練，他們知道該怎麼教育、輔導這些小孩。

父親：我們有試著找過，但沒找到。

阿德勒：那姐姐的情況如何？

父親：她完全沒有任何生理問題，今年就要高中畢業了。

阿德勒：希德尼是膽小的小孩嗎？

父親：沒有，他看起來什麼都不怕。我們有請一位女孩來照顧他，她比希德尼還要膽小，她擔心其他孩子會打他。希德尼不怕黑也不怕狗。

阿德勒：我想對希德尼做一次醫學上的檢查，看看他身體有沒有任何狀況。

父親：我想提一件事。他三歲的時候跟另一個孩子玩，那個孩子用草耙打他頭，我不知道這有沒有造成任何傷害。

阿德勒：他當時有昏倒、失去意識或是嘔吐嗎？

父親：沒有。

阿德勒：他的身體有任何殘缺嗎？

父親：他應該沒有什麼殘缺，不過他非常瘦，而且耳朵很突出。

阿德勒：現在我想來檢查一下希德尼。

父母離開教室。

阿德勒：比起繼續跟父母討論，直接跟孩子面對面應該能得到更多資訊。

男孩走進教室。

希德尼：醫生好。

阿德勒：你好嗎？你長大後想做什麼？

希德尼：我想當軍人。

阿德勒：為什麼？我們都不想要再有戰爭了！

希德尼：這是什麼意思？

阿德勒：國家之間和平共處，大家才會更快樂。

阿德勒在交談時一邊檢查男孩頭部。

阿德勒：你跟那些男生朋友都玩些什麼？

希德尼：什麼都玩。

阿德勒：你覺得現在是幾月？

希德尼：今天是星期六。

阿德勒：幾月？

希德尼：八月（事實上是五月）。

阿德勒（拿出幾枚硬幣給希德尼看）：哪一枚硬幣的價值比較高呢？是這個還是那個？

希德尼知道二十五分比一角還有價值。

阿德勒：你知道美國最大的城市是哪一個嗎？

希德尼：美國是最大的城市，再來是英國。

阿德勒：你想去學校學讀書寫字嗎？

希德尼：想。

阿德勒：你家是幾號？

希德尼：我忘記號碼了。

阿德勒：你有辦法自己回家嗎？

希德尼：不行。

阿德勒：這棟大樓是什麼？

希德尼：這是大學。

阿德勒：大家都在大學幹嘛？

希德尼：問問題、寫字，什麼事都做。

孩子離開教室。

阿德勒：剛才問問題時，我針對希德尼做了一些身體檢查，發現他身上有幾處衰退的跡象。最不能輕忽的是他的頭小到有些不正常，我們將這種症狀稱為小腦症，而且頭顱左側也有些不對稱。希德尼的智力確實有缺陷。如果他已經具有確切的行為模式，他應該會感到害怕，但從他走進教室的模樣，跟他爸對他行為的描述來看，他都不是膽怯懦弱的孩子。低能兒通常不會害怕，適應不良的孩童則會。希德尼不夠聰明，不曉得自己正身處險境。你們應該還記得吧？之前有一名個案是嬌生慣養、被寵壞的孩子，他被帶進教室時大哭大叫要找媽媽，根本沒辦法強迫他看著我，更別說要他跟我對話了。不過希德尼的行為完全不同。他完全不害怕地走進教室，還主動跟我對話。他絕對有智力發展上的障礙。我知道你們的教育部有設立一間學校，專門收這種低能的孩童。將病歷報告送過來的老師應該建議希德尼的父親，請他將希德尼送到那間學校就學。

【第十二章】

疾病的束縛

今晚要探討的個案是一名五歲半的男孩。病歷紀錄指出他目前的問題是不聽話、個性殘酷、過動，而且「會喘不過氣」。

假如孩子不聽話、殘酷、過動，這些性格特徵顯然是衝著某個人來的。米爾頓（Milton）的母親八成是個容易操心、很有條理的女人，她對米爾頓有一定程度的要求，希望他能夠乖乖配合。另一方面，米爾頓顯然不太聽她的話，有可能是因為他覺得母親待他不公平，或者是對他太嚴苛了。米爾頓以最能刺激母親的行為來報復她。想把家裡整理得井然有序的家庭主婦，想當然很討厭小孩從椅子跳到桌上、把窗簾扯下來，或是打破碗盤等過動行為。

喘不過氣也是一種抗議手段，跟殘酷與過動相同。男孩行為舉止過動時，肌肉是他用來抗議的工具，無法喘氣時則用肺來抗議。我們必須試著去了解不同器官的抗議方式。不過米爾頓可能真的罹患氣喘，病因或許是蛋白質過敏。如果孩子確實有氣喘，我會非常訝異，畢竟在他的行為模式中，呼吸系統的抗議是非常重要、合理的手段。

病歷陳述進一步指出：

「米爾頓是么子，上面還有兩個姐姐，年齡分別為十二歲半跟九歲半。兩位姐姐看起都適應良好，所有麻煩跟困擾主要都是米爾頓造成的。父親每週賺四十五塊美金，房租每月為二十五美金。母親沒有在上班。家裡有四間房間，每間都很乾淨整齊，總共有三張床。他們的信仰為正統派猶太教。」

母親或許曾稱讚兩名女兒很乾淨整齊，米爾頓因此失去與姐姐競爭的希望。他很有可能曾經是被捧在手心的寵兒。假如他曾經體弱多病，他可能已經學到自己在生病的時候，能快快樂樂地享受他人的縱容和溺愛，因而發展出一套裝病的機制，藉此確保自己能獲得母親的關注。

「大女兒自己睡，米爾頓要不是跟父親睡，就是跟母親睡，跟母親一起睡的頻率更高。」

五歲半的男孩應該要自己睡。如果他還是比較喜歡跟母親睡，就清楚顯示他對母親太過依戀。晚上跟母親同床時，他能夠維繫自己和母親的連結。到了白天，他就靠過動的行為來吸引母親注意。這種年紀的孩子如果還跟父母一起睡，就能輕鬆成為家庭舞台的主角。米爾頓的人生目標或許是受到母親關注和寵愛。這個家庭之所以產生衝突，是因為母親顯然希望兒子能好好適應社會，當個健康、整潔的男孩，但米爾頓卻竭盡全力要孩子氣。

「米爾頓的生理發展如下：他是足月出生的嬰兒，生產過程一切順利。他出生時的確切重量已不可考。他喝母奶的方式並不規律，有時會再搭配喝奶粉。他在七個月大時出現痙攣。幼年時他得過支氣管炎、肺炎、胸膜炎、扁桃腺炎跟軟骨病。」

這可能代表他的副甲狀腺尚未發育完全，而且整個人的人格還不太穩定。這些缺陷應該會隨著年齡增長逐漸消失。幼兒痙攣非常嚇人，痙攣發作後，米爾頓肯定時時刻刻都受到密切的關注和照料。永遠不要讓孩子知道疾病實際上有多危險。

你們應該都記得剛開始分析此案時，我提出一項理論，指出米爾頓之所以喘不過氣，是想用呼吸道來抗議。資料顯示他曾罹患多種呼吸道疾病，這證明我的推斷無誤。胸膜炎跟支氣管炎都會導致呼吸困難，而這位罹病的孩子呈現出痛苦、不適的意象，讓父母感到驚慌害怕。

疾病發作時，米爾頓的每一次呼吸都是關注和掛心的對象。如今他發現自己處於劣勢，無法與兩位適應較好的姐姐競爭，就用肺部來威脅母親。他的呼吸道彷彿是在說：「趕快照顧我，不然我會生病，到時你就會很難受。」

「出生時，醫生發現他的舌頭繫帶太短、太緊，就把繫帶給剪開。早年痙攣發作時，醫生對母親說男孩是先天性白癡，永遠都不會有任何成就。」

我個人認為很少有情況會嚴重到需要把繫帶剪開。米爾頓的父母肯定發現他有說話方面的缺陷。他有可能是先天性白癡的說法，絕對讓母親備感震驚。雖然我們只讀了病歷的一部分，但這番推論的可能性極低。先天性白癡通常是乖巧、聽話的孩子。他們很少會造成任何困擾，因為他們十分溫順，從來不曾反抗。這種人有時會出現在血統優良的家庭中，而且他們都具有幾項可供判斷的徵兆。這一類型的白癡通常頭非常小，具有圓潤、上翹的鼻頭。他們的舌頭非常寬，舌頭上有許多裂隙，而且長度有時還長到能碰到下巴。其他特徵像是皮膚乾燥，或是手指與腳趾之間有蹼。

「米爾頓很依戀母親，不過跟兩位姐姐之間的衝突則非常激烈。他會取笑、捉弄姐姐。他對姐姐跟其他孩子很殘忍。他並沒有任何計畫或安排好的休閒娛樂，很喜歡在街上玩。」

米爾頓或許在嬰兒時期或生病時被寵壞了，但隨著年紀越來越大，他也逐漸失去母親的關愛與呵護。在孩子出生後的第一或第二年內，許多母親都能完全配合孩子的生活，將重心擺在孩子身上。不過在生命的本質驅使下，孩子後來還是得獨立完成一些活動。六歲大的孩子是不可能被當成小嬰兒寵愛的，而且孩子也會清楚察覺家人對他的情感熱度出現變化。越是深刻體會到家人的愛與以往有所不同，孩子的反叛行為就會越來越明顯。

兩位姐姐或許與米爾頓作對，因此他以捉弄和取笑來反擊。病歷陳述說男孩性格殘忍。以心理學的語言來解釋，這代表他內心沮喪氣餒。行徑異常殘酷的孩童，通常會將力量發洩在脆弱或毫無戒心的孩童或動物身上，以此安撫自己，因為他們覺得自己越來越不受重視，地位越來越低。

「米爾頓的氣喘讓母親非常擔心。有位小兒科醫師怎麼樣都找不出氣喘的生理病因，因此將米爾頓轉介到兒童輔導診所。」

孩童的氣喘通常都不是生理疾病。許多曾經罹患胸膜炎或肺炎的孩童會有氣喘的現象，米爾頓就是一例。氣喘發作時看起來實在很嚇人，因此這些孩子藉由引發氣喘來支配父母，將自己的軟弱轉換成力量。每當米爾頓不得不展現自己的優越地位，或是想攻擊母親、獲得她的注意力時，就會運用這種器官特徵。這就是他的殺手鐧。

「母親抱怨米爾頓總是到處跳來跳去，她很擔心米爾頓會受傷。她過度操心米爾頓的安危與健康。米爾頓整個早上都在母親身旁，在這段期間也一直惹麻煩。」

這清楚顯示男孩的行徑是衝著母親來的。她知道母親很容易為他操心，因此用虛張聲勢的體操特技來攻擊母親的軟肋。

「米爾頓下午會待在幼稚園，他在那裡適應得還不錯。他抱怨自己沒有玩伴。父親跟母親有時候會揍他，因為他不乖乖聽話。父母常常叫他『不要這樣』或『不要那樣』。行為被阻止後，他通常會開始喘不過氣。母親懇求孩子不要發作，因為她的身體也不是很好。」

這就是整個狀況的關鍵。父母都很擔心男孩的安危，不允許他跟其他男孩一樣上街玩耍，母親尤其如此。米爾頓因為沒辦法滿足進行社會接觸的渴望，內心感到沮喪氣餒。假如沒辦法跟同年齡的男孩一起玩，他就靠搗蛋搞怪來干擾母親。母親不允許他胡鬧時，他就靠喘不過氣來攻擊母親。雖然男孩並非有意識地施展這些手段，但他在潛意識中知道氣喘發作能帶來哪些好處。我們必須說母親是一位非常優秀的心理學家，因為她知道米爾頓的氣喘並非生理病因所致。如果氣喘是生理病因導致，那拜託孩子不要氣喘發作是無用的。就像沒有人會懇求跛腳的人走路不要一瘸一拐那樣。不過她選用的技巧很不理想，因為她讓孩子取得非常危險的工具。她讓自己的疾病或健康受制於孩子的無理取鬧。

「男孩有台腳踏車，是叔叔送的。他很少騎這台車，因為母親必須將腳踏車扛下四段階梯，而她根本沒這個力氣。」

病歷陳述一開始就清楚指出米爾頓有軟骨病。我們或許能從他過動的現象推斷出他罹患此疾病。對這種孩子來說腳踏車當然非常重要，他有可能因為無法騎車而感到氣憤。

「睡覺時米爾頓會用棉被蓋住雙眼，他拒絕自己一個人睡。」

這是膽小懦弱者會有的標準行為。為了阻絕充滿敵意的世界，他把雙眼蓋住。白天他靠喘不過氣跟過動來霸占父母的注意力和時間，晚上則靠跟他們同床來維持連結。

「米爾頓最早的記憶是：『還是個小嬰兒時我在走路。』」

他心中這麼在乎走路，就進一步證明軟骨病確實對他的人生造成很大影響。這種孩子永遠都動來動去，也一定要讓他們有適當的機會能好好活動、伸展肌肉。

「米爾頓的志願是當醫生。他說：『我想要診察病人。』他想要『在大學校裡』。他也想學會寫字。雖然還不知道內容的意思，但他現在已經會抄寫信件了。」

像米爾頓這樣得過不少病的孩子，自然會將醫生視為非常崇高的職業。孩子生病時，父母必須請醫生來看診。經過神祕的檢查問診後，父母會全然按照醫師的吩咐來照顧孩子。我不得不說，從各方面來看，這個男孩的經歷跟我頗為相似。我覺得自己就是在小時候得過肺炎後，頭一次有了想當醫生的念頭。我希望能戰勝死亡，當時我認為醫生都能做到這點。

「不管是洗澡還是穿衣服，米爾頓都需要別人幫忙，但上街或出門跑腿時他都不會迷路。他知道自己家長什麼樣子。」

他能辨識出自己家，這就充分顯示他的心智非常正常。他不自己洗澡跟穿衣服，是因為他想讓媽媽替他做事。

這是非常值得探討的個案，應該頗具教育意義。對於所有了解個體心理學基本理論的人而言，我們的操作和手法肯定很清楚明瞭。我們必須請母親讓米爾頓更獨立自主。她不能時常批評米爾頓，就算她對他的未來感到恐懼，也必須把這種感覺隱藏起來。我們發現米爾頓不在家的時候表現比較好，因此我們必須告訴母親，只要讓米爾頓沉浸於有更多社會接觸的環境中，他的狀況就會改善。我們不該責備她，而要鼓勵她採納新的觀點。

個案會議

母親走進教室。

阿德勒：夫人，晚安。我們針對你兒子的病歷進行一番討論。我們發現你在各方面都是個非常仔細、盡責的母親。或許你最大的問題在於太過小心翼翼。你不覺得像米爾頓這麼聰明的小孩，在這種年紀應該要開始自己洗澡、穿衣服了嗎？

母親：我想他是能自己洗澡跟穿衣服，但他會拖太久，以至於沒辦法準時上學。他把我搞得緊張兮兮的。

阿德勒：乾脆讓他遲到幾次，體會一下動作慢會有什麼後果，這樣會比較好。你有發現他不在家的時候，表現得比在家還要好嗎？

母親：他在家的時候問題很多。會把窗簾扯下來、從桌上跳到椅子上，有時候還會把桌子翻過來。

阿德勒：其實這種行為不難解釋。米爾頓小時候得了軟骨病，生過這種病的小孩，後來肌肉運動量都會比較大。他是那種必須一直動來動去才會快樂的小孩。或許你能讓他在出門上街時有更多活動的自由。他有腳踏車或溜冰鞋嗎？

母親：他有一台腳踏車，但我沒辦法在他每次想騎車的時候把車扛下樓。我怕他騎車的時候會被別人撞。

阿德勒：或許你有一點太小心了。你兒子很聰明，如果向他解釋路上可能會發生哪些危險，我想他應該不會讓自己出意外才對。其實這是個大好機會，你能讓他知道，其實你對他的能力很有信心。我想如果你願意試一試這個方法，他也會變成更負責任的孩子，以此來回報你的信任。

母親：那他在家裡跳來跳去時我該怎麼辦？

阿德勒：安排讓米爾頓在白天參加團體運動或遊戲活動，我想這個辦法應該還不錯。他需要參加這類型的活動。越少讓他待在家裡跟你在一起，對他的發展就越有益。或許你也能請鄰居的男孩幫他把腳踏車抬下樓。我想讓你知道其實米爾頓不是真的患有氣喘，他只是為了博取你的注意，想要威脅你，才製造出這種喘不過氣來的症狀。他生病的時候你有很悉心照料、縱容他嗎？

母親：有，我全心全意照顧他，因為他病得很重。

阿德勒：現在他企圖讓你回想起他以前重病時的情況，來重新獲得往日的關注和照顧。我們認為如果他又氣喘發作，你就不要去理會或直接忽視，他應該就不會再有這些症狀了。此外，我們也建議讓米爾頓自己睡。他已經夠大，不應該再跟爸媽同床了。如果你現在就教他獨立自主，他就能發展成完全正常的男孩。你必須讓他知道你並沒有偏愛姐姐，而且你也期待他能好好長大，成為有用的公民。

母親：他的頭腦或心智有什麼問題嗎，醫生？

阿德勒：根據你們的醫生提供的病歷資料來看，米爾頓並沒有先天性白癡的跡象。

他很聰明機伶，他的問題在於想永遠當個嬰兒、耍孩子氣。你要讓他知道長大比當嬰兒還要好，如果有任何問題，你們的醫生也會從旁協助。改善他的狀況，這絕對值得一試。如果你跟我們合作，我相信他肯定會進步神速。現在讓我們跟孩子見個面吧。

米爾頓走進教室時，稍微被現場的學生嚇到了。他看見母親，立刻跑到她身邊。他不願意跟母親分開，也不想讓阿德勒醫生進行身體檢查。阿德勒問他問題時，他會抬頭看母親說：「你跟醫生講。」他不想看著醫生，把臉埋在母親的裙子裡。不管怎麼勸，他就是不肯跟阿德勒對話。母親跟孩子被請出教室。

阿德勒：我總是提醒學生不要聽患者說的話，而是要觀察他們的行為，彷彿是在欣賞一齣啞劇一樣。你們看，米爾頓既不跟我說「哈囉」也沒說「再見」。就算我用非常親切的方式溝通，他也拒絕跟我有任何接觸。但我們不必氣餒，通常第二次就會比較順利。他的醫生顯然知道如何贏得他的信任、跟他建立友誼，因為很多次米爾頓都有回應他。如果先前你們有人不相信孩子依戀母親，從他的行為就能看得一清二楚。假如我們把母親懸掛在吊燈上，孩子還是會想出辦法來接近母親的。母親是他唯一的支柱。沒有母親，他就沒辦法洗澡穿衣服，也沒辦法回答問題。

至於他那所謂的氣喘，也只是一種依戀母親的手法，只不過是透過呼吸道來展現罷了。我將這種現象稱為器官語言：個體不以語言文字，而是借助器官或器官系統的功能異常來表述行為。治療氣喘的方法很多，但這些療法或藥物都無法治療患者。要治好他，就得提升他的自尊心。

我常說，個體的行為模式在五歲左右就已固定，不過許多學生都不相信這個論點。這名個案就完美顯示，人的行為模式在五歲時就完整定型了。米爾頓不與任何自己無法支配的人來往。剛進學校的頭幾年，他很有可能受到寵愛與呵護，因此尚未展現任何問題行為。不過在往後的人生中，在社交接觸或甚至是性方面，他絕對會是個問題重重、難以應付的人。

學生：為何你試著把他從母親身邊帶開時他會哭？

阿德勒：你們應該能想像，長期攀附在藤架上的常春藤自然不會想跟藤架分離。米爾頓的眼淚，只是另一種展現權力意志的方式。不要認為米爾頓是真心愛母親。他對母親的依附，跟寄生蟲仰賴宿主是一樣的道理。搞清楚愛跟依附的區別之後，就能理解當宿主無法滿足寄生蟲的需求時，寄生蟲會懲罰宿主。很多人認為眼淚是脆弱的象徵，但在這個案例中，眼淚無疑是權力的展現。除了母親之外，米爾頓不看、不聽其他人，也不跟別人溝通交談。這種全然依附母親的行為，就是精神官能症的開端。他整個人的態度彷彿是在說：「你們不能要求我做任何事，我是個身體不好的孩子。」他未來有可能會自殺或犯罪。假如往後碰到需要靠自身力量來解決的大問題，但他卻軟弱無力、仰賴他人，就有可能會自殺。另一方面，除了母親，他對其他人毫不在乎也不感興趣，長大後他也有可能會將這種心態轉化成對抗社會的犯罪行為。我發現搶劫犯或其他罪犯常在監獄裡寫詩，他們在詩中將自己的罪過怪給母親，或是將自己的缺點歸因於酒精、嗎啡以及感情的挫折。由此可見，就能清楚看出他們缺乏勇氣。

學生：碰到這種不跟你說話、不看著你的孩子，你會怎麼應對？

阿德勒：個體心理學在治療上有許多技巧與策略，在此我們不可能逐一詳述各項應對進退的方法。不過首先，我們沒有必要在一開始就跟孩童對話。如果對孩子的狀況有充分的了解，我們能告訴孩子的母親該如何跟孩子應對。這樣一來，就算孩子沒有直接跟我們合作，我們還是能透過母親來影響他的行為。此外，只要不把注意力放在孩子身上，就能輕易激起他的好奇心。孩子希望成為大家關注的焦點。假如我全心全意翻閱圖畫書，或是專心把玩機械玩具，徹底把他當空氣，他很快就會忍不住想被注意了。

原編者筆記

個案在編者的診所中進行後續輔導與治療。雖然母親一開始無法理性配合我們的輔導，但她後來還是願意給孩子更多自由和獨立的空間。我們請她在米爾頓氣喘發作時離開房間，因為孩子喘不過氣時，她完全無法保持冷靜與理性。氣喘的症狀在兩週內徹底消失，不過米爾頓並未放棄支配周遭環境。為了反擊母親對自己氣喘發作毫不關心，他又發展出一種新的手段，就是不可遏止地猛咳，這時母親又立刻做了錯誤判斷。孩子又贏了，之前他一天會氣喘發作五到六次，現在則是咳嗽不止。男孩被送進醫院，護士也被嚴格規定不要去理會米爾頓的咳嗽。住院第一天早上他咳個不停。在米爾頓住院的這段期間，我們與他的互動相當良好。我們給他一副聽診器，讓他「診察」病房裡的其他孩童。那些孩子的病都不重，因此能夠配合這項活動。這大概是米爾頓第一次覺得自己的存在很重要、有意義。編者陪米爾頓診察其他孩童時，詢問他診察對象是否有復原的可能。米爾頓模仿一位在場醫師的神情，嚴肅地說雖然男孩病得很重，但應該能夠順利康復。後來我們也再三提醒他，醫生沒有時間生病，因為還得忙著治療其他患者。米爾頓回家後又開始咳嗽，不過他在醫院內的改變，讓母親對我們的建議更有信心，因此他咳嗽時母親完全不理會，而米爾頓也立刻放棄這種特定的呼吸道語言。隔週，他又出現一系列的全新症狀：臉部出現各種古怪的表情，臉部肌肉還會抽搐。有趣的是，這些症狀只有在公共場合才會出現，這也讓母親感到極度尷尬。經過幾週治療後這些症狀就消失了。後來米爾頓被送去參加夏令營，我們還寫了一封指示信給營長。在夏令營的頭幾天，他悶悶不樂、拒絕進食、造成許多困擾，最後因為完全無法適應營隊生活被送回家。回到家後，他變得比以往更為過動。跟精神科醫師面談幾次之後，男孩相信醫師的判斷，他在營隊裡會比在家好。所以他後來重返夏令營，而在後續營隊期間他也確實適應得比較好，這主要是因為隊輔跟營長讓他贏了幾次競賽，在體育方面獲得成就感。他在秋天從夏令營返家，回家後他似乎更尊重自己，也開始到校上一整天的課。在兒童輔導診所與老師的監督之下，米爾頓適應得越來越好。

國家圖書館出版品預行編目資料

阿德勒談生命風格 / 阿德勒（Alfred Adler）著 ; 溫澤元 譯.
-- 初版. -- 臺北市 : 商周出版 : 家庭傳媒城邦分公司發行,
2021.05
面 ; 公分. --
譯自：The pattern of life.
ISBN 978-986-0734-33-1（平裝）
1. 兒童心理學　2.精神分析　3.個案研究
173.1　　110006870

阿德勒談生命風格：
當個體心理學大師面對問題兒童的挑戰

原著書名 / The Pattern of Life
作者 / 阿德勒（Alfred Adler）
譯者 / 溫澤元
企劃選書 / 林宏濤
責任編輯 / 劉俊甫

版權 / 黃淑敏、劉鎔慈
行銷業務 / 周佑潔、周丹蘋、黃崇華
總編輯 / 楊如玉
總經理 / 彭之琬
事業群總經理 / 黃淑貞
發行人 / 何飛鵬
法律顧問 / 元禾法律事務所　王子文律師
出版 / 商周出版
台北市南港區昆陽街16號4樓
電話：(02) 2500-7008 傳眞：(02) 2500-7579
E-mail：bwp.service@cite.com.tw
Blog：http://bwp25007008.pixnet.net/blog
發行 / 英屬蓋曼群島商家庭傳媒股份有限公司城邦分公司
台北市南港區昆陽街16號5樓
書虫客服服務專線：(02) 2500-7718・(02) 2500-7719
24小時傳眞服務：(02) 2500-1990・(02) 2500-1991
服務時間：週一至週五09:30-12:00・13:30-17:00
郵撥帳號：19863813　戶名：書虫股份有限公司
讀者服務信箱E-mail：service@readingclub.com.tw
歡迎光臨城邦讀書花園　網址：www.cite.com.tw
香港發行所 / 城邦（香港）出版集團有限公司
香港九龍土瓜灣土瓜灣道86號順聯工業大廈6樓A室
電話：(852) 2508-6231　傳眞：(852) 2578-9337
E-mail：hkcite@biznetvigator.com
馬新發行所 / 城邦(馬新)出版集團 Cité (M) Sdn. Bhd.
41, Jalan Radin Anum, Bandar Baru Sri Petaling,
57000 Kuala Lumpur, Malaysia
電話：(603) 9057-8822　傳眞：(603) 9057-6622
Email：cite@cite.com.my

封面設計 / 李東記
排版 / 新鑫電腦排版工作室
印刷 / 韋懋實業有限公司
經銷商 / 聯合發行股份有限公司
電話：(02) 2917-8022　傳眞：(02) 2911-0053
地址：新北市231新店區寶橋路235巷6弄6號2樓

■2021年（民110）05月初版
■2024年（民113）03月初版1.9刷
定價 350 元

Printed in Taiwan
城邦讀書花園
www.cite.com.tw

ISBN 978-986-0734-33-1

商周出版

廣　告　回　函	
北區郵政管理登記證	
台北廣字第000791號	
郵資已付，免貼郵票	

115 台北市南港區昆陽街16號5樓

英屬蓋曼群島商家庭傳媒股份有限公司　城邦分公司

請沿虛線對摺，謝謝！

商周出版

書號：BK7101　**書名：**阿德勒談生命風格　**編碼：**

請於此處用膠水黏貼

商周出版

讀者回函卡

線上版讀者回函卡

感謝您購買我們出版的書籍！請費心填寫此回函卡，我們將不定期寄上城邦集團最新的出版訊息。

姓名：＿＿＿＿＿＿＿＿＿＿＿＿＿＿＿＿＿＿ 性別：□男　□女

生日：西元＿＿＿＿＿＿年＿＿＿＿＿＿月＿＿＿＿＿＿日

地址：＿＿＿＿＿＿＿＿＿＿＿＿＿＿＿＿＿＿＿＿＿＿＿＿

聯絡電話：＿＿＿＿＿＿＿＿＿＿ 傳真：＿＿＿＿＿＿＿＿＿＿

E-mail：

學歷：□ 1. 小學 □ 2. 國中 □ 3. 高中 □ 4. 大學 □ 5. 研究所以上

職業：□ 1. 學生 □ 2. 軍公教 □ 3. 服務 □ 4. 金融 □ 5. 製造 □ 6. 資訊

□ 7. 傳播 □ 8. 自由業 □ 9. 農漁牧 □ 10. 家管 □ 11. 退休

□ 12. 其他＿＿＿＿＿＿＿＿＿＿＿＿＿＿＿＿＿＿＿＿

您從何種方式得知本書消息？

□ 1. 書店 □ 2. 網路 □ 3. 報紙 □ 4. 雜誌 □ 5. 廣播 □ 6. 電視

□ 7. 親友推薦 □ 8. 其他＿＿＿＿＿＿＿＿＿＿＿＿＿＿＿

您通常以何種方式購書？

□ 1. 書店 □ 2. 網路 □ 3. 傳真訂購 □ 4. 郵局劃撥 □ 5. 其他＿＿＿

您喜歡閱讀那些類別的書籍？

□ 1. 財經商業 □ 2. 自然科學 □ 3. 歷史 □ 4. 法律 □ 5. 文學

□ 6. 休閒旅遊 □ 7. 小說 □ 8. 人物傳記 □ 9. 生活、勵志 □ 10. 其他

對我們的建議：＿＿＿＿＿＿＿＿＿＿＿＿＿＿＿＿＿＿＿＿＿＿

＿＿＿＿＿＿＿＿＿＿＿＿＿＿＿＿＿＿＿＿＿＿＿＿＿＿＿＿

＿＿＿＿＿＿＿＿＿＿＿＿＿＿＿＿＿＿＿＿＿＿＿＿＿＿＿＿

請於此處用膠水黏貼